비즈니스
리모델링

반만 일하고 두 배로 버는
비즈니스 리모델링

초판 1쇄 인쇄 2018년 1월 10일
초판 1쇄 발행 2018년 1월 30일

지 은 이 **정효평**
펴 낸 이 **홍성수**
펴 낸 곳 **(주)새로운 제안**
등   록 **2005년 12월 22일 제2-4305호**

책임편집 **오경희**
디 자 인 **유문형**
마 케 팅 **문성빈, 황미경**

주소 (07285) 서울특별시 영등포구 선유로3길 10 하우스디비즈 708호
전화 02-2238-9740 팩스 02-2238-9743
홈페이지 www.jean.co.kr e-mail webmaster@jean.co.kr

인쇄 예림인쇄 제책 바다제책

ISBN 978-89-5533-542-2 (13320)
ISBN 978-89-5533-543-9 (15320) 전자책

이 도서의 국립중앙도서관 출판예정도서목록(CIP)은 서지정보유통지원시스템 홈페이지(http://
seoji.nl.go.kr)와 국가자료공동목록시스템(http://www.nl.go.kr/kolisnet)에서 이용하실 수 있습니다.
(CIP제어번호 : CIP2017035668)

반만 일하고
두 배로 버는

정효평 지음

비즈니스
리모델링

새로운제안

수입과 노동은 반비례한다

당신은 수많은 경로를 통해 4차 산업혁명과 인공지능에 대해 지겹도록 들어왔을 것이다.

여기에 대한 당신의 관심은 어느 정도인가?

그 영향은 우리의 삶과 얼마나 관련이 있을까?

그 엄청난 위력과 영향력을 아직 느끼지 못했다면 당신에게 닥칠 위험은 당신의 삶을 위협하기에 충분하다.

벌써 세계는 무인시스템을 상용화하고 있다. 그런 시스템이 판치게 될 곧 다가올 미래를 위해 당신은 어떤 안전대책을 세워놓고 있는가?

기계와 경쟁할 생각을 하고 있는가?

이 책은 당장 경쟁하지 않는 사업으로 전환할 것을 촉구하며 이를 위한 비즈니스 리모델링을 제시하고 있다. 이런 비즈니스 리모델링의 대상은 시스템뿐만 아니라 사람도 포함된다.

많은 시간을 열심히 일해서는 많은 돈을 벌 수 없다는 사실을 왜 몰랐을까?

이유는 너무나 명백하다. 책을 읽지 않았기 때문이다. 더 넓은 세상을 보려고 노력하지 않았기 때문이다.

이 책에는 노예라는 단어가 자주 등장한다. 거부감을 갖기를!

읽어야 할 책을 이렇게 읽고 있으니 당신은 이미 시간과 돈의 노예가 아닌 주인으로서 살아갈 준비가 된 것이다.

내가 이 글을 쓰는 목적은 오직 하나다. 내가 제시하는 리모델링 매뉴얼을 통해서 당신의 삶과 비즈니스가 더욱 윤택해지는 것이다.

지금까지 어떻게 살아왔든 앞으로는 더 적게 일하고 더 많이 벌면서 남은 삶을 당신 자신을 위해 즐기기를 바랄 뿐이다.

그래서 세상에 행복이 넘쳐나기를 바란다.

내가 전달하고 싶은 메시지는 간단하다.

"많이 벌고 싶다면 적게 일하라. 수입과 노동시간은 반비례한다."

세상의 어떤 자기계발서도 알려주지 않은 간단한 방법이 여기에 있다. 이 방법을 알고 적용한다면 누구나 적게 일하고 많이 버는 삶을 사는 것이 가능하다.

믿기 어려운가? 경험해보지 못한 것들에 대한 두려움 때문에 새로운 시도를 하지 않아서 그런 것이다.

당신이 읽어온 성공과 부자에 관한 모든 책에서 계속 반복해서 하는 말이 무엇인지 아는가?

그것은 바로 '실천'하라는 것이다. 해보면 안다. 별것 아니라는 것을! 도전은 약간의 불편함을 감수하는 것으로 시작된다.

바로 지금 그 방법을 소개하겠다.

나는 10인 내외의 사업장을 통칭해서 자영업이라 정의하고 그 사업을 효율적으로 운영할 수 있도록 매뉴얼을 제시해주는 일을 한다.

그 사업이 법무법인이든 세무법인이든 식당이든 도매업이든 사진관이든 서비스업이든 학원이든 어떤 전문분야든 상관없다. 직원 수가 많아도 상관없다. 경쟁하는 모든 사업은 개선되어야 하기 때문이다.

나는 이 책을 통해 어떤 경우에도 두 배로 벌기 위해 반만 일하는 효율적인 리모델링 방법을 제시해준다.

당신이 준비할 것은 하나다. 지금까지 당신의 삶을 움켜쥐고 있던 고정관념을 버리는 것에서 출발하는 것이다. 이 책을 끝까지 읽은 다음에는 고정관념을 완전히 버리기 바란다.

이 책이 짧은 이유는 단 하나다. 핵심만 담았기 때문이다.

이 책의 핵심을 한 줄로 요약하면 이 책의 제목이 된다.

2018년 1월 정효평

차례

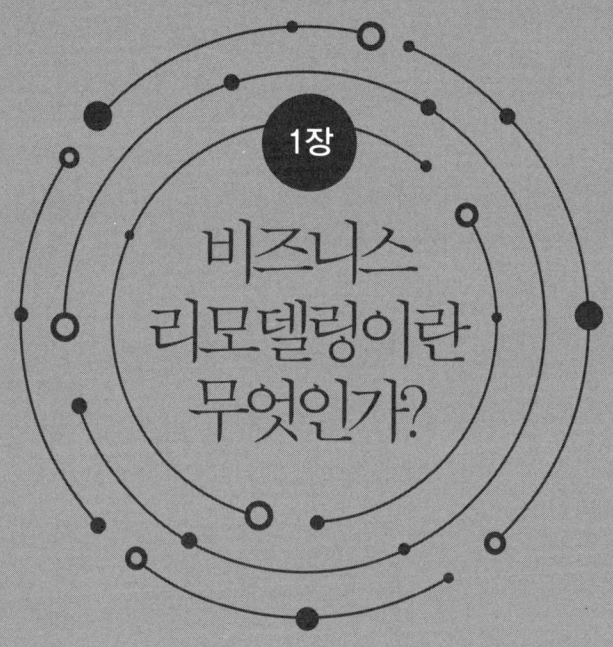

1장

비즈니스
리모델링이란
무엇인가?

Work less, make more money

당신이 좋아하는 일을 하고 있는가?

비즈니스 리모델링이란 현재의 비효율적인 사업 시스템을 효율적으로 바꾸는 일련의 작업을 말한다. 더 나아가 자아실현과 일의 방향을 일치시키는 행위를 말한다.

자신이 좋아하는 일을 하라는 단순한 주장이 아니다.

지금 당신이 하는 일이 만족스럽지 않다면 십중팔구 원하는 만큼 혹은 생각만큼 돈을 많이 벌지 못하기 때문일 가능성이 높다.

당신이 지금보다 두 배로 벌기 위해서 반만 일할 수 있다면 당신이 하는 그 일을 천직으로 생각할 수도 있다. 그렇지 않겠는가?

그 단계를 넘어서면 놀면서 돈을 벌 수 있는 지점에 이르게 된다. 지금 하는 일이 윤리적으로 용납되지 않는다든가 법을 위반하는 것이 아니라면 말이다.

그리고 자신에 대한 진지한 성찰을 통해서 본인이 정말 좋아하는 일을 찾고 그 일을 함으로써 가슴 뛰는 삶을 살 수 있다면 그 일을 하면 된다.

대부분 자신이 좋아하는 일을 하지 못하는 이유는 그 일로는 생계를 유지하는 것이 불가능하다고 생각하기 때문이다. 또는 생계를 유지하기 위해 지금 하는 일에 오랜 시간을 투자했기 때문이거나, 그 일이 전문직이어서 그럴지도 모른다.

아니면 효과적으로 더 많이 벌 방법을 모르기 때문일 것이다.

좋아하는 일을 한다는 것은 즐겁게 일한다는 것이며 논다는 것과 같다. 놀면서 돈을 번다는 것은 누구나 꿈꾸는 이상적인 삶이 아닌가!

당신이 지금까지 보고 들었던 수많은 책들 중 어떤 책도 지금 당신이 하는 일을 어떻게 더 효율적으로 개선해나가야 하는지 알려주지 않았을 것이다. 좋아하는 일을 하면서 돈을 더 많이 벌고 자유롭게 살 수 있는 방법 또한 알려주지 않았을 것이다.

물론 그 책들이 알려준 마음가짐은 중요하다. 하지만 이 책에서 당신에게 요구하는 마음가짐은 지금까지 알아왔던 내용과 다르다. 어쩌면 지금까지 옳다고 믿었던 가치와 반대되는 이야기를 한다고 생각할 수도 있다.

지금까지 공동체 혹은 사회라는 이름으로 당신을 구속해온 모든 틀을 벗어던져야 한다. 흔히 고정관념이라고 하는 것 말이다.

고정관념은 여러 가지 이름으로 당신의 삶 곳곳에 숨어있다. 때로는 상식이라는 이름으로, 때로는 진리라는 이름으로.

열심히 일해야만 성공할 수 있고 성공할 자격이 있다, 경쟁해서 이기는 것만이 성취다, 성실함이 최고의 덕목이다, 라는 이야기들이 모두 고정관념이다.

누군가에게 선택받기 위해 투자했던 시간과 돈을 비롯해 모든 노력을 이제 그만두라는 이야기를 하는 것이다. 그것은 당신의 행복하고 여유로운 삶을 위해 꼭 필요한 자세다. 이 책이 반복해서 강조하는 핵심 또한 바로 그것이다.

이 책에서 제시하는 익숙하지 않은 요구에 익숙해질 때 당신의 사업은 번창할 것이다. 그리고 당신은 일주일에 하루만 혹은 하루에 한 시간만 일하면서도 지금보다 훨씬 더 많은 돈을 벌게 될 것이다. 그런 결과는 점차 찾아올 것이다.

지금 당장 비즈니스 리모델링을 통해서 효율적인 시스템을 구축하라. 그리하여 자기 자신을 위한 삶을 살고, 나아가 시간과 돈의 주인이 되는 인생이 되기를 바란다.

진짜 부자를 배우자

비즈니스 리모델링은 사업과 업무에만 국한되는 방법이 아니다. 소규모 사업자에 초점을 맞추기는 했지만 큰 기업에도 적용할 수 있다.

지금 당신의 사업은 순이익이 두 배로 늘었는데 당신은 이전보다 반만 일하고 있다면 인생이 어떻게 달라질지 상상해보라! 상상만 해도 즐겁지 않은가?

상상만 해도 즐거운 그 지점에 당신이 머무르기를 바라며 나는 이 책을 썼다. 이 책은 당신이 진짜 부자의 삶을 살게 해줄 것이다.

진짜 부자에 대한 공부를 시작해보기를 바란다. 진짜 부자란 어떤 삶을 살고 있을지 조사해보기를 바란다.

진짜 부자는 일하느라 바쁘지 않다.

진짜 부자는 선택하는 삶을 산다.

진짜 부자는 여행과 기부에 가장 많은 지출을 한다.

진짜 부자는 생각하는 시간을 많이 가진다.

로버트 프랭크Robert Frank의 《리치스탄RICHSTAN》이라는 책에 나오는 어떤 부자의 이야기다.

반바지에 슬리퍼 차림으로 아들과 산책하러 나갔던 엄청난 부자가 고급차 매장을 지나가다 사고 싶은 차가 눈에 띄어서 매장에 들어갔다가 직원에게 문전박대를 당한다. 부자는 매장을 나오면서 아들에게 이렇게 말한다. 양복은 부자들에게 고용된 사람들이나 입는 옷이라고 말이다. 진짜 부자는 자유롭게 입는다는 이야기다.

당신도 진짜 부자가 될 수 있기를 바란다.

이 짧은 책을 읽고 적용해보고 삶이 바뀔 수 있다면 얼마나 좋겠냐마는 대부분 그렇지 못할 것이다. 왜냐하면 시도하지 않기 때문이다.

분명히 말해주고 싶은 것이 있다. 시도해보라는 것이다. 설령 실패로 끝난다 하더라도 손실은 걱정했던 것보다 훨씬 적을 것이다.

불편함에 조금 익숙해지기를 바란다.

이를 테면, 당신이 비싼 정장을 맞췄는데 진흙탕에서 무릎한 번 꿇었다 일어나는 정도의 불편함만 감수하면 되는 일이다. 맞춤정장에 커피나 와인을 쏟았다고 당신 인생에 무슨 일이 일어나겠는가? 단지 그뿐이다.

그리고 계속해나가면 된다. 여기서 알려주는 모든 방법을 적용해보라. 처음에는 모두 다 적용할 필요가 없다. 한 가지부터 시작하면 된다. 그러면 다른 것들도 적용해보고 싶어진다. 그러면 놀라운 인생을 살 수 있을 것이다.

다시 한번 분명히 말해주고 싶은 것은 시도하면 반드시 이룰 수 있다는 사실이다. 지금보다 많이 벌기 위해서는 적게 일해야 한다는 것을 알게 되고 실제로 그렇게 될 것이다.

그동안 당신이 읽어온 수많은 책에서처럼 성공학, 부자 마인드, 시크릿, 긍정에너지, 끌어당김의 법칙 같은 이야기를 하는 것이 아니다.

열정과 목표만 가지고는 아무것도 이룰 수 없다. 전략이 필요하다. 그것이 이 책이 전하는 메시지의 핵심이다.

이 책은 당신이 읽어온 수많은 책처럼 수백 페이지가 아니라 1백여 페이지로 핵심만 담았다.

그래서 쉽게 읽을 수 있고 쉽게 적용할 수 있다.

그래서 얇지만 비싸다.

왜냐하면 당신의 소중한 시간과 노력을 이 책이 아껴주기 때문이다. 사업상의 문제들을 이 책으로 간단하게 해결할 수 있기 때문이다.

창업이라는 미친 짓

자영업은 전 세계 도처에 여러 형태로 분포한다. 아침부터 저녁 혹은 밤늦게까지 당신의 사업장은 활짝 열려있다. 직원들은 열심히 일하지 않으며 당신의 고객들은 불만으로 가득하다.

게다가 자신이 채용하고 있는 비정규직보다도 적은 월급을 가져가거나 그마저도 가져가지 못하는 사업주가 자영업자의 80%에 달한다. 비참하기 이를 데 없는 현실이다.

어디서부터 무엇이 잘못됐는지, 어떻게 고쳐야 할지 막막할 것이다.

대부분의 자영업이나 소규모 사업장은 창업한 지 불과 3년이면 폐업한다. 아무리 작은 규모의 사업장도 최소한 몇백부터 수억 원까지 투자해서 시작한다고 볼 때, 실패한 사업자는 그 뒤처리를 하는 데도 많은 고통의 시간을 보내야 한다.

빚더미에 앉게 되는 것은 두말 할 필요도 없고, 파산하거나 가족이 뿔뿔이 흩어지기도 한다. 심지어 극단적인 선택을 하기도 한다.

사업의 실패는 본인뿐만 아니라 주변인들에게도 악영향을 미친다. 사회적인 문제이기도 하다.

그러나 창업하는 그 누구도 곧 망할 것을 염두에 두지는 않는다. 아니 자신은 꼭 살아남을 것이라고 굳게 믿고 시작한다. 그래서 우리는 말한다. 자영업은 미친 짓이라고!

그 미친 짓을 하고 있거나 하려는 당신에게 이 책은 한 달넘게 물을 찾아 사막을 헤매다 오아시스를 발견한 듯 황홀한

정보를 제공할 것이다.

　당신의 갈증을 해소해줄 비즈니스 리모델링 전략 매뉴얼을 지금부터 소개한다. 이 전략들을 온몸으로 받아들이기를 바란다.

2장

왜 일하는가?

Work less, make more money

뉴리치를 추구하라

우리는 왜 일하는가?

진지하게 한번 생각해봐야 할 문제다. 단순히 돈을 벌고 그 돈으로 가족의 생계를 책임지고 노후를 준비하기 위해서라면 얼마나 서글픈 일인가!

심지어 많이 벌지도 못해서 늘 시간과 돈에 쫓기며 살고 있지 않나!

《타이탄의 도구들Tools of Titans》로 더 유명한 팀 페리스Tim Ferriss의 《나는 4시간만 일한다The 4-Hour Workweek》를 읽어보면 도움이 될 것이다. 한 번뿐인 인생을 어떻게 설계하고, 얼마나 멋지게 살 수 있는지 비교적 체계적이고 설득력 있게 구성되어있다.

팀 페리스는 휠체어를 탄 부자의 삶과 지금 현재를 즐기는 가슴 뛰는 삶 중에 어떤 것을 택할 것인지를 묻는다. 그리고는 후자의 삶을 '뉴리치New Rich'라고 부른다. 이어서 그는 뉴리치로 살 수 있는 방법들을 제시하고 있다. 참고하기 바란다.

이제 대부분의 사람이 속해있는 우리의 삶으로 돌아와 보자. 그렇게 바쁘게 의무감으로 평생을 열심히 일하며 살아도, 앞으로 인구 노령화가 더욱 심해져서 계속 지금처럼 바쁘게 열심히 살아야 한다면 얼마나 우울한가!

우리의 삶이 피폐해지고 여성의 자아성취로 포장된 맞벌이가 본격적으로 시작된 것은 1970년대 이후 실질임금이 동결 상태이기 때문이라는 어느 학자의 주장은 옳다.

지겹도록 들어온 4차 산업혁명과 인공지능의 파도가 당신의 직장과 직업에도 곧 들이닥칠 것이다. 다만 실감하지 못하고 있을 뿐이다. 실직이든 퇴직이든 사직이든 어떤 식으로든 결론이 날 것이다.

그렇기 때문에 많은 사람이 큰돈을 어렵게 마련해서 자신만의 사업을 시작한다. 돈이 남아서 여윳돈으로 사업을 시작하는 사람은 없다.

한편, 사업을 시작하면서 3년 이내에 망할 것이라고 생각하는 사람도 없다. 심지어 망할지도 모른다는 각오조차 하지 않는다. 다른 사람은 몰라도 나는 잘될 것이라고 생각하면서 사업을 벌인다.

하지만 사업자의 99%는 망한다. 투자금액 대비 수익률이 직원들 급여보다 적거나 은행이자보다 적다는 의미다. 이런 통계자료는 우리를 절망하게 한다.

그렇다면 망하는 사업을 하지 말아야 하지 않겠는가? 망하더라도 큰 피해가 없는 사업, 다시 도전할 수 있는 사업을 해야 한다.

왜 리모델링 전략인가?

이미 시작했지만 계속 힘들어지는 사업을 꾸려나가고 있는 당신에게는 리모델링이 필요하다. 아직 시작하지 않았지만 뭔가를 시작하려는 사람에게는 무자본 창업이야기를 꼭 들려주고 싶다.

《해적들의 창업이야기》라는 책을 읽어보기를 바란다. 돈 없이 창업해야만 성공하는 이유와 성공할 수밖에 없는 방법들을 세상에 알리는 회사에 대해 관심을 가질 필요가 있다.

아무것도 가진 것 없는 맨주먹인 당신의 성공을 간절히 바라는 마음에서 강력히 추천하는 책이다. 더불어 왜 일하는지에 대한 고민도 함께 가져가라.

아직 창업을 시작하지 않았다면 직장에 다니면서 시작해도 좋다. 지금 당신의 직장에서 만날 수 있는 기회를 놓치지 말아야 한다.

당신이 그 직장에서 대표이사가 되겠다는 목표를 세웠다면 그렇게 하라. 그렇다면 대표이사의 정신으로 무장하고 최선을 다해서 충성해야 한다.

그리고 떠나기로 마음먹었다면 떠나기 전에 당신의 팬을 만들어두어야 한다. 직장을 통해 만나는 모든 사람을 눈여겨보고 정말 좋은 사람을 당신의 팬으로 확보해두어야 한다.

반드시 필요하지만 대부분 놓치는 가장 중요한 것은 사람이다. 당신이 어떤 사업을 하든 사람이 가장 중요한 자원이라는 사실을 명심하라. 당신의 동반자를 반드시 찾아라.

당신이 새로 사업을 시작하든 이미 사업을 하고 있든 리모델링 전략은 반드시 적용할 필요가 있다. 왜냐하면 당신의 소중한 사업은 망하면 안 되기 때문이다. 당신의 사업은 승승장구해야 하고 당신을 자유롭게 해야 하기 때문이다.

당신의 사업이 당신의 또 다른 직장이 되지 않아야 한다. 당신이 붙박이로 있어야 한다면, 그것은 사업이 아니라 그냥 장사일 뿐이다.

당신의 사업에 리모델링 전략 매뉴얼을 적용해야 하는 이유는 그것 말고도 너무나 많다.

애초에 잘못된 시작이 문제

자, 그럼 잘못 시작해서 결국 망하는 사업들의 전형을 살펴보자. 가장 큰 이유는 사업의 본질보다 비본질에 집중했기 때문이다.

우리 주변에는 수많은 할인제품을 더 싸게 팔기 위해 광고하거나, 또는 박리다매를 추구하는 사업자들이 있다. 전국 곳곳에 우후죽순으로 생겨났다가 6개월도 채 지나지 않아 문 닫게 생긴 아이스크림 할인점이 최근의 사례가 되겠다.

획기적인 제품을 개발했는데도 망하는 사업자가 있고, 매출 규모는 크지만 순이익이 없거나 적은 사업자도 있다. 그들은 모두 망하는 길에서 그냥 하루하루 버티는 삶을 살고 있다.

그런 사업자들은 오랜 시간을 일하며 많은 사람들에게 시

달리고 많은 불만과 항의를 들으며 살아야 한다.

이 모든 것은 애초에 시작을 잘못했기 때문이다. 왜 일하는지 고민하지 않고 무작정 남들을 따라 했기 때문이다.

식당을 예로 들어보자. 우리 주변에는 수많은 식당이 있다. 잘되는 식당도 있고 손님이 없는 식당도 있다. 심지어 24시간 영업하는 식당도 있다. 대부분의 프렌차이즈 식당들이 여기에 속한다.

정말 정직하고 성실하게 열심히 일하는 24시간 곰탕집 사장님을 만나서 이야기를 나눈 적이 있다. 지금 당장은 힘들지만 몇 년 열심히 정성으로 일하면 손님들이 알아줄 거라고 그 사장님은 믿고 있었다. 20년 넘게 하루에 14시간씩(일주일이 아니고 하루에) 일하는 그 사장님은 아직은 건강하다고 말씀하셨다.

나는 그분께 왜 일하는지 고민해 보셔야 한다는 말조차 꺼내기 어려웠다. 자신만의 세계가 워낙 확고할뿐더러 그 안에 갇혀서 나올 생각을 하지 않으니 말이다. 그분은 급변하는 시대의 흐름을 읽지 못하고 살던 대로 살고 있다.

24시간 영업하는 식당은 대부분 망하는 길에서 하루하루를 버티는 삶을 살고 있다. 아침부터 밤늦게까지 일하며 적게 벌면서 시간과 돈의 노예로 살다가 모든 것을 잃고 주저앉는다.

시간당 1만 원 내외의 돈을 받고 성의 없이 일하는 '깨진 유리창' 같은 직원 때문에 몇 억 혹은 그 이상의 사업이 좌초되기도 한다.

이 모든 것은 애초에 시작을 잘못했기 때문이다. 역시 왜 일하는지 고민하지 않고 무작정 남들을 따라 했기 때문이기도 하다.

이번에는 학원을 예로 들어보자. 우리 주변에는 수많은 학원이 있다. 사교육 시장은 그야말로 방대하다. 그중 가장 흔한 동네의 보습학원의 경우 학원 임대료, 차량, 성적관리, 교사관리, 가격경쟁, 홍보, 학부모관리 등의 문제로 골치가 아픈 원장님들이 넘쳐난다. 수입은커녕 임대료도 내지 못하는 학원이 즐비한 이유다.

심지어 원장님을 가르치는 원장교육 학원까지 성행 중이다. 입시 위주의 학원이 너무나 많은 것도 문제다. 교육시장에 대한 접근 방법을 달리 해야 한다.

나름대로 연구해서 새로운 방식을 택한다는 것이 결국 다른 학원들과 경쟁하는 새로운 방식에 그치는 경우를 많이 보았다. 새로 생긴 좋다는 프로그램을 갖추고 외연을 확장하는 데 여념이 없는 학원들이 대부분이다.

대부분이 좋다고 하는 사업은 결국 망한다. 학원도 예외일 수는 없다.

그들이 시간과 돈의 노예로 계속해서 살아가는 이유는 애초에 시작을 잘못했기 때문이다. 왜 가르치는 일을 하는지 고민하지 않고 무작정 따라 했기 때문이다.

교육사업의 본질은 무엇일까? 일류대학 진학일까? 좋은 직장 취업일까? 꿈을 찾아주는 것일까?

행복은 당신의 권리이자 의무

비즈니스 리모델링은 당신이 일하는 이유를 명확하게 규정하는 것부터 시작된다. 하고자 하는 일에 대한 본질을 명확히 정의하는 것이다.

일은 누구나 해야 하며 중요한 것은 어떻게 하느냐다.

일을 하고 성취함으로써 느끼는 희열은 우리 삶의 원동력이 될 수 있다. 자신이 일하는 이유를 명확히 세우고, 적게 일하고 많이 벌면서 원하는 삶을 사는 것이 누구나 바라는 이상적인 삶의 형태일 것이다.

비즈니스 리모델링을 통해 효율적인 삶을 영위한다고 가정할 때, 잠자는 시간을 제외한 17시간 중에 10시간 이상을 오로지 자신을 위해 쓸 수 있어야 한다.

자신을 위한 삶을 살기 위해 하루에 일은 4시간 미만으로 해야 한다. 그런 다음 서서히 일주일에 4시간만 일하면서, 시스템을 구축하고 부의 파이프라인을 구축해 살아야 한다.《부

의 추월차선The Millionaire Fastlane》의 저자, 엠제이 드마코MJ DeMarco
가 말하는 것처럼 말이다.

다시 말하지만 이는 팀 페리스의 '4시간 근무'와는 완전히
다른 방식이다. 받아들이기 어렵겠지만 차근차근 당신의 삶과
비즈니스를 리모델링해보자.

왜 일하는지 정했는가? 일하는 목적이 단지 돈을 많이 벌
기 위해서였다면, 이제 당신은 달라져야 한다. 왜냐하면 이
책을 다 읽고 난 뒤 당신은 시간과 돈의 노예가 아닌 주인의
삶을 살 수 있는 방법을 찾을 것이기 때문이다. 왜 일하는지부
터 정하고 넘어가기를 바란다.

당신이 일하는 이유는 뭔가?

만약 왜 일하는지 모르겠다면 그냥 행복한 삶을 누리기 위
해서라고 정하는 것만으로도 충분하다. 당신은 행복할 권리와
의무가 있다는 것을 명심하라.

행복에 대한 정의는 다양하다. 그 정의는 스스로 정해야 한
다. 다만, 돈 혹은 소유가 궁극적인 목표는 아니기를 바란다.

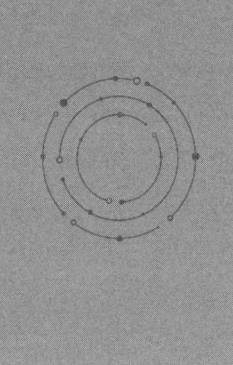

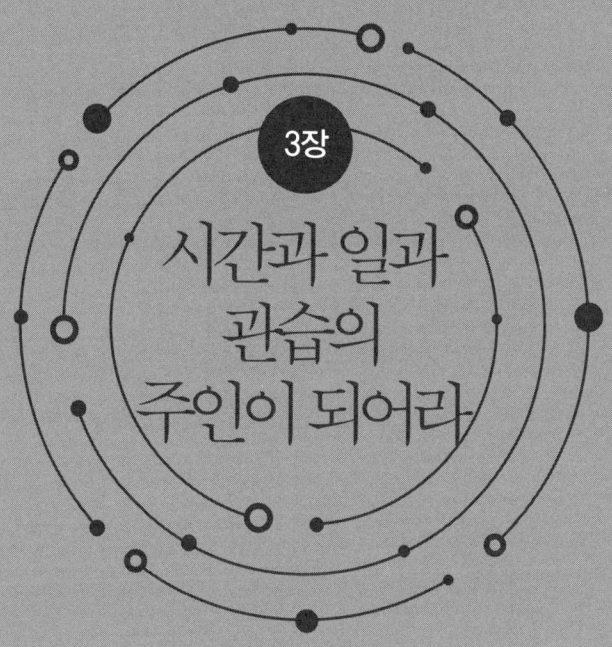

3장

시간과 일과
관습의
주인이 되어라

Work less, make more money

고객이 왕이 아니다

우리는 노예가 아니다. 지금껏 시간과 일과 관습의 노예로 살아온 당신이 그것들의 주인이 되는 것은 어렵지 않다.

주인이 된다는 것은 통제권을 가진다는 것이다. 시간과 돈을 통제한다는 이야기다. 가격을 당신이 정한다는 것이고, 시간을 당신이 필요한 대로 쓴다는 것이다.

소비자보다 생산자가 되는 것이고, 당신이 팔고 싶은 상품의 가격을 당신이 정하는 것이다. 시간을 쓰고 싶은 만큼 쓰는 것이고, 쉬고 싶을 때 언제든지 쉴 수 있는 것이다.

여행하고 싶을 때 어디든 얼마간이든 떠날 수 있는 것이다. 선택받기 위해 노력하는 것이 아니라 선택하는 삶을 사는 것이다.

시간과 돈을 통제한다는 것은 그런 것이다. 주인이 된다는 것은 그런 것이다. 누구의 눈치도 보지 않고 간섭도 받지 않는 것이다.

고객이 왕이 아니라 당신이 왕인 사업을 한다는 것이다.

말도 안 되는 소리 같은가?

당신의 아이가 처음으로 축구시합에 나가고, 처음으로 피아노 콩쿠르에 나간다. 혹은 아프거나 다쳐서 병원에 가야 한다.

하지만 아이의 이런 기념비적인 행사에 참석하거나 아픈 아이를 돌보지 못할 정도로 당신은 바쁜가? 그 정도로 중요한 직장에 다니고 있는가?

그렇다면, 그것은 당연한 일이 아니라고 생각해야 한다. 그것은 무언가 잘못되었다.

늦잠 잔 아이가 눈 비비고 일어나 출근하려는 당신의 목을 끌어안고 놀아달라고 보챌 때 주저앉아 놀다가 밥까지 먹여주고 출근할 수 있는 삶을 살아야 한다.

심지어 출근하지 않아도 되는 삶을 살아야 한다.

직장을 버리고 직업을 얻다

어디서든 일할 수 있는 삶을 살아야 한다.

앞으로 8년을 기다리지 않아도 열흘 이상의 장기휴가를 마음대로 다녀올 수 있어야 한다는 이야기다.

한 달은 왜 안 되는가? 6개월은 왜 안 되는가? 왜 대부분의 사람들이 그런 삶을 살지 못하는 것일까?

세상이 정해놓은 프레임에 갇혀있어서 그렇다. 주 5일 하루 8시간이라는 프레임 말이다.

생각해보면 대한민국에서 주 5일 근무라는 프레임이 생긴 것도 불과 10년이 지나지 않았고, 지금도 여전히 일주일 내내 일하는 직장인이 많다.

그들만의 잘못은 아니다. 사회의 시스템이, 가난의 대물림이, 온갖 부조리가 그들을 그런 상황으로 밀어 넣고 있는 것도 어느 정도 사실이다. 하지만 그들이 조금만 시선을 돌려보면 얼마든지 개선할 여지가 있다.

온전한 삶을 갉아먹고 있는 '직장'을 버리고도, 경제적인 안정을 안겨주고 공간에 얽매이지 않게 하는 '직업만으로' 충분히 행복한 삶을 살 수 있다. 그런 확신을 가지기를 바란다.

어떻게 그게 가능하냐고 반문할 사람이 있을 것이다. 앞서 밝힌 바 있지만, 실행하면 된다.

실행이 답이다. 도전이 답이다.

스펙을 잔뜩 쌓은 노예

이 책에서 제시하는 매뉴얼대로 실행하라. 오랜 시간이 걸리지 않는다.

최소 3개월에서 2년 안에 당신의 삶은 시간과 돈의 노예에서 주인으로 바뀔 수 있다.

통제당하던 삶에서 통제하는 삶으로 바뀔 수 있다.

누군가에게 선택받기 위해 시간과 돈을 들여 해왔던 모든 노력을 당신이 선택하기 위한 놀이로 바꿀 수 있다.

남보다 앞서 나가기 위해 그 많은 스펙을 쌓느라 당신의 여유가 사라지고 당신의 정신이 피폐해졌다는 사실을 인지해야 한다.

게다가 스펙을 쌓을수록 자아실현은 어려워진다.

왜냐하면 선택받는 것에 길들여지면서 노예의식이 심화되기 때문이다. 본인의 작은 재주에만 집착하고 점점 가치 없는 일만 하기 때문이다.

당신은 무언가 남들보다 잘하는 것이 있을 것이다. 컴퓨터 하드웨어나 특정 소프트웨어를 잘 다룰지도 모른다. 그러나 기 취득한 자격증을 맡겨만 두고 누구나 할 수 있는 단순 반복적인 일에 몰두하고 있을지도 모른다.

그러면서 상사의 명령에는 기꺼이 혹은 억지로 복종하면서 정작 자신을 위한 업무는 소홀히 하고 있을 것이다. 그러고는 고맙다거나 잘한다는, 당신의 삶에 전혀 도움이 되지 않을 칭찬이나 보답에 만족하며 살고 있을 것이다.

그런 경우, 당신은 큰 그림을 보지 못할 수 있다. 당신은 경영진이 하는 일들과 그들의 관점에 관심을 가져야 한다.

부속품처럼 일하는 사람은 결국 아무나 할 수 있는 일을 하는 그냥 '아무나'로 남을 것이기 때문이다.

엑셀, 파워포인트 등 각종 프로그램 활용 능력에 들이는 노력을 멈추라.

토익, 토플 등 줄 세우기나 경쟁의 기준으로 삼는 점수를 따려고 들이는 일체의 노력을 멈춰라.

선택받기 위한 노력을 접어야 하는 이유를 이제라도 가슴 깊이 받아들여야 한다. 그래서 아무나 할 수 없는 독보적인 일을 하는 유일한 사람이 되어야 한다.

그러려면 경쟁을 위한 무의미한 스펙 쌓기를 당장 멈춰야 한다. 큰 그림을 볼 수 있는 능력, 통찰력을 키우는 것이 무엇보다 시급하다.

지금껏 그리고 앞으로 당신이 살아갈 수십 년의 세월에 비하면 이제 시도하게 될 리모델링에 소요되는 시간은 아무것도 아니다.

최악의 경우, 그 짧은 기간 동안 수입이 줄어든 채로 지낼 각오 정도는 해야 한다. 그 정도 최소생활비는 준비할 수 있기를 바란다.

다시 말하지만, 수입이 줄어들고 최소생활비를 걱정해야 하는 정도가 최악의 경우다.

가만히 있으면서 변화되기를 바라는가?

여기서 꼭 생각해보면 좋을 문제가 있다. 그것은 바로 앞서 언급한 '본질'이다.

당신이 추구하는 삶의 본질에 대해 반드시 고민해야 한다.

진짜 중요한 것은 무엇인가?

가족의 행복? 건강? 돈? 성공? 무엇을 위해 한평생을 살면 조금 덜 후회하게 될 것인가?

그런 고민을 해보고 나면 그냥 이대로 안주하며 살 것인지 꿈꾸는 삶을 살 것인지 결정하기가 더 쉬울 것이다. 그 모든 것을 다 가질 수 있다는 신념도 가져야 한다.

이는 욕심이 아니라 인간으로서 당신의 권리이자 의무다.

당신이 미혼이거나 부양할 가족이 없다면 더할 나위 없이 좋겠지만, 기혼이거나 부양해야 할 가족이 있다 하더라도 크게 문제될 것은 없다.

나는 집도 모아둔 재산도 없이, 심지어 빚마저 잔뜩 있는 세 아들의 아빠로서 직장생활을 하다가 깨달음을 얻고 회사를 그만두고 사업을 시작했다.

나보다 더 좋지 않은 상황이라고? 어차피 선택은 당신의 몫이다.

이것은 도박이 아니다. 실천하면 반드시 성공하는 지름길이다. '부의 추월차선'에 올라타게 되는 길이다.

다만 앞이 보이지 않아서 발을 내디디면 낭떠러지로 떨어질 것 같은 두려움 때문에 시도하지 못할 뿐이다. 실제로는 무릎까지 빠지는 얕은 냇물일 뿐인데도 말이다.

대부분의 사람들이 수많은 부자와 성공에 관한 이야기들을 보고 듣지만 그런 삶을 살지 못한다.

그 이유는 첫째, 실천하지 못하기 때문이며 둘째, 그 방법이 이 책에서 제시하는 것처럼 간단하고 명확하지 않기 때문이다.

베스트셀러 작가 지그 지글러^{Zig Ziglar}는 말했다. '시도하지 않으면 아무것도 할 수 없다'고. 애니메이션 〈쥬토피아^{Zootopia}〉의 주인공이자, 최초의 토끼경찰 주디 홉스의 아빠도 말했다. "얘야, 실패하지 않는 최고의 방법은 시도하지 않는 것이란다"라고.

타석에 서지 않으면 홈런을 칠 수 없다. 하던 대로 하면서 삶이 변하기를 바라는 것은 정신병 초기증세라고 아인슈타인은 말했다.

더 이상 말하지 않겠다. 시도하라! 무조건 하라!

시도하지 않을 생각이라면 지금 여기서 책을 덮어라. 당신은 이 책을 볼 필요가 없다. 시간과 일의 주인이 되어 삶을 통제하며 살 자격이 없다.

한 번뿐인 인생, 지금이 기회다!

남은 삶을 지금까지 살아왔던 것처럼 현대판 노예로 살기 싫다면 시도하라. 한 번뿐인 인생, 멋지게 살고 싶다면 시도하라.

내 의도는 분명하고 간결하다. 제발 시도해보라는 것이다. 이것은 '각종 시크릿'이나 '되고 싶은 것 노트에 쓰기' 같은 추상적인 이야기가 아니다. 좀 더 실질적인 행동강령이다.

나는 당신이 '시간과 돈의 주인이 되는 진정한 행복의 길'로 들어서기를 간절히 바란다.

당신의 소중한 꿈과 시간과 자유를 돈 때문에 희생하지 마라. 일하느라 돈 벌 시간이 없는 삶을 하루 빨리 버려라. 간절히 부탁한다.

지금 이 매뉴얼을 펼쳐놓고 당신의 삶과 비즈니스를 뜯어고쳐야 한다. 매뉴얼을 완전히 숙지하고도 시도하지 않으면 당신의 삶을 찾을 수 없다.

다시 한번 말하지만, 인식에만 그치지 않기를 바란다.

전부 적용하지 않아도 된다. 하나씩 해보면 된다. 그러면 변화를 느낄 수 있다.

실천 여부는 당신 손에 달렸다.

자 그럼, 실천 전략 매뉴얼을 살펴보자.

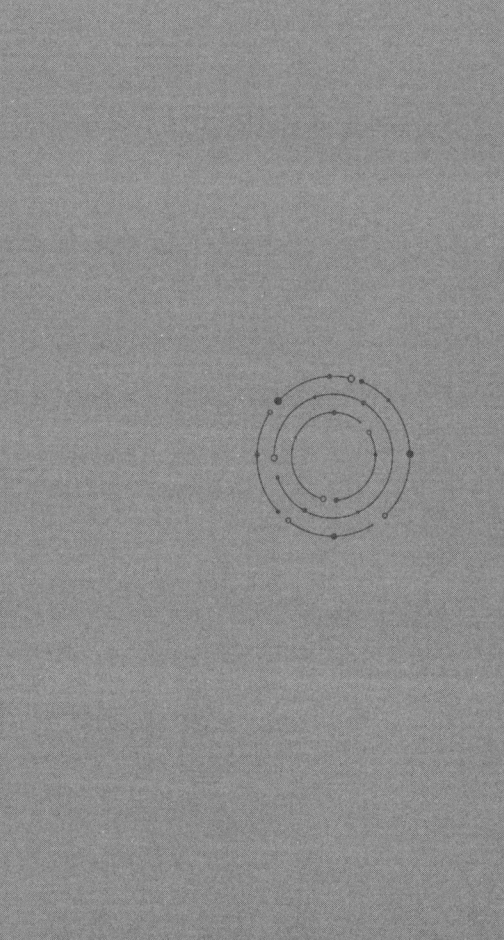

4장

비즈니스
리모델링
속으로

Work less, make more money

당신이 부자가 되지 못하는 이유

비즈니스 리모델링 전략은 새로운 아이디어가 아니다. 당신이 경쟁이 치열한 사업을 하고 있다면 당신의 사업에 당신만의 특별함을 더하기만 하면 된다.

세상에는 이런 전략을 이미 실행하고 있는 수많은 부자가 있다. 다만 당신은 여러 가지 이유로 몰랐거나 실행하지 않았을 뿐이다.

당신이라고 못하라는 법이 있는가? 부자들은 특별해서인가? 그렇지 않다. 그들은 다만 실행에 옮겼을 뿐이다.

이것은 일과 시간의 주인이 되기 위한 전략이며 우리 모두의 권리이자 의무이다. 지금부터 제시하는 미션을 기필코 완수하겠다는 각오로 시작해보자. 모든 미션을 다 완수하면 좋겠지만 그중 하나만 해도 된다.

다음의 실행 전략 중에 하나만 적용해도 당신의 사업 순이익은 올라간다. 그런 다음 모든 전략을 차근차근 하나씩 적용해보면 된다.

주의 사항은 하나다. 돈 버는 재미에 빠져서 더 많이 일하려 하지 말라는 것이다. 지치지 않으려면 더 많이 벌기 위해 더 적게 일할 궁리를 하는 것이 이 전략의 핵심이다. 더 많이 일할 생각을 버려야 한다.

자 시작해보자.

제공하는 상품의 종류를 줄여라

당신이 판매하고 있는 상품 또는 메뉴의 종류가 많다는 것은 전문성이 없다는 뜻이다. 아무나 할 수 있는 일이라는 뜻이다. 치열한 경쟁을 할 수밖에 없다는 뜻이기도 하다.

그것은 또한 당신의 상품 중 그 어느 것에도 고객은 만족스럽지 않다는 뜻이다. 충성고객은 꿈도 꾸지 마라. 불만을 표현하는 한 명의 고객 뒤에는 불만을 표현하지 않는 수십, 수백 명의 고객이 있다는 사실을 기억해야 한다.

상품의 종류가 많다는 것은 당신의 고객을 망설이게 한다는 뜻이다. 고객은 선택하지 못하고 심지어 발걸음을 돌릴 수도 있다.

결정력 장애는 전 세계적인 추세다. 점심 메뉴 고르는 것조차 힘들어하는 불쌍한 직장인들을 당신의 사업으로 구제한다는 신념으로 하라.

상품의 종류가 많다는 것은 무엇보다 그 많은 것을 준비하느라 당신이 힘들어진다는 뜻이다. 고객은 왕이 아니다. 당신의 사업은 당신이 편한 방식대로 영위해야 한다. 당신이 즐겁지 않은 사업은 아무런 의미가 없다. 이 책은 철저히 힘든 사업을 꾸려나가는 당신을 위한 것임을 기억하라.

이해되는가? 당신이 지금 팔고 있는 메뉴를 한 가지 또는 세 가지까지 줄일 수 있다면 당신의 사업은 순이익이 증가할 수밖에 없다. 이미 무릎을 치며 감탄하면서 깨달았을지도 모르겠지만 이유는 다음과 같다.

당신이 제공하는 상품을 줄이면 더 집중할 수 있어서 품질이 향상된다. 게다가 단일 품목의 대량구입을 통해 원가가 절감되면서 마진율 또한 높일 수 있다. 고객은 상품의 선택에 대한 고민을 덜게 되고, 당신의 업무는 매우 단순화되고 전문화될 것이다.

상대적으로 판매량이 낮은 제품이라면, 보관 비용 절감을 고려할 때 특히 이 전략을 고수할 필요가 있다. 하물며 그게 식품이라고 본다면 구입한 지 오래된 식자재로 음식을 제공할 경우 고객의 만족도는 급격히 떨어지고 재구매 가능성이 없어진다.

그뿐인가? 불리한 소문까지 퍼진다면 이 얼마나 큰 손실인가! 그래서 메뉴가 다양한 식당은 반드시 망한다.

　망하는 길 위에서 뛰어내려야 한다. 당신이 세일즈맨이라면 취급품목을 줄여서 마진이 높은 단일 품목에 집중하고, 전문직이라면 그 능력을 바탕으로 특화된 새로운 분야에 관심을 가지고 집중해야 한다.

　새로운 가치를 제공할 아이디어를 찾아라. 누군가의 불편함을 해소하거나 누군가에게 꼭 필요한 것을 제공하는 것에서 그 아이디어를 찾아보기를 바란다.

　당신이 고객에게 진심으로 전하고 싶은 당신만의 가치를 만들어라. 여기에는 부자들의 소비습관에 관해 공부하는 것이 큰 도움이 된다. 부자들은 필요한 것을 산다면 하나를 사도 비싸고 좋은 것을 사기 때문이다.

　의사든 변호사든 세무사든 변리사든 전문직이란 이름은 빛이 바랜 지 오래되었다. 이미 온몸으로 느끼고 있지 않은가?

　새로운 세상을 맞이할 준비를 지금부터 해야 한다. 아직도 당신의 그 전문직에 모든 것을 맡겨두고 힘닿는 데까지 벌어보겠다고 버티고 있다면 전략을 바꿔야 한다.

지금 당장 당신의 전문지식을 활용할 새로운 방향을 모색해야 한다. 당신만의 브랜드를 창출해야 한다.

고급빌딩 전문가, 손가락 관절염 전문가, 상속 증여 관련 분야를 특화한 전문 변호사 및 세무사, 발명 전문 변리사 등등 당신이 어떤 일을 하든 제공하는 상품의 종류를 줄여라.

단숨에 할 수는 없지만 경쟁시장에서 벗어나야 한다. 경쟁시장에서 팔던 상품의 수와 규모를 천천히 줄여나가면 된다. 조금씩 줄여나가면서 주력 상품에 집중하면 된다. 이제까지는 당신이 선택받기 위해 노력했다면, 이제부터는 당신이 선택하는 삶을 누릴 준비를 하는 것이다.

고객도 상품도 가격도 당신이 정할 수 있다. 어떤 고객을 대상으로 할 것인지, 어떤 가치를 지닌 상품을 제공할 것인지, 얼마에 팔 것인지 정할 수 있다. 가슴이 뛰지 않는가?

이를 위한 첫 번째 미션은 상품의 종류를 줄이는 것이다.

서비스를 줄이고 품질을 높여라

당신이 많은 서비스를 제공하고 있다는 것은 품질에 자신이 없다는 뜻이다. 품질에 자신이 없다면 품질 향상에 집중하라. 많은 서비스를 제공해서 낮은 품질을 만회해보겠다는 생각을 버려라.

당신이 만약 식당을 운영한다면 첫 번째 미션에 따라 가장 자신 있거나 마진율이 높은 메뉴, 일이 편하거나 테이블 회전율이 가장 높은 메뉴 한두 가지로 줄였을 것이다.

그리고 많은 종류의 반찬을 없애야 한다. 주력 메뉴의 품질, 즉 맛에 집중하라는 것이다. 더 좋은 맛을 내기 위해 집중하라.

많은 서비스를 제공한다는 것은 당신의 일이 더 많아진다는 뜻이다. 일이 많다는 것은 당신이 시간과 돈의 노예로 산다는 것이다. 일을 줄이려면 서비스를 줄여야 하고 서비스를 줄이기 위해서는 품질을 올려야 한다. 여기서 품질을 높이는 것은 원가를 올리는 것이 아니라 가치를 입히는 것이다.

많은 서비스를 제공한다는 것은 비용이 증가한다는 뜻이다. 그 비용을 품질 향상에 써라. 고객도 당신도 만족하는 결과로 이어질 것이다. 이로써 충성고객이 생길 것이다. 충성고객은 비용이 들지 않는 최고의 마케터다.

많은 서비스를 제공한다는 것은 무엇보다 당신이 힘들어진다는 뜻이다. 나는 당신이 힘들게 사는 것으로부터 벗어날 수 있도록 이 책을 썼다.

서비스를 중단하라. 당신이 음식을 팔든 유무형의 상품을 팔든 고객이 필요하고 만족할 특별한 가치를 제공하면 된다. 그것이 맛이든 가격이든 간편함이든 불편함의 해소든 상관없다. 하나의 상품에 집중하면 서비스는 필요하지 않다.

당신이 판매하는 상품이 품질이 우수하다는 것은 경쟁 상대들보다 확연히 돋보인다는 뜻이다. 더 비싸게 받을 수 있다는 뜻이다. 자신감을 가져라.

흑백사진 속의 빨간 입술처럼 돋보이게 하라.

품질 향상은 사업의 핵심에 충실한 결과다. 본질에 충실하라.

여기서 본질에 대한 정의를 새롭게 내리고 가자. 당신이 알고 있던 본질을 다르게 정의하자. 중요한 것은 내가 더 행복해지도록 본질을 정의하는 것이다.

예를 들자면, 성실이란 노동시간을 줄이기 위해 노력하는 것이다. 영업이란 나를 찾아오게 하는 것이다. 사업이란 사회 모순이나 불편함을 해소하는 것이다. 교육이란 꿈을 찾아 떠나는 여행이다. 여행이란 깨달음을 얻는 것이다.

이런 식으로 당신의 사업과 관련된 본질에 대해 정의를 새롭게 내려보라. 당신의 사업은 본질이 무엇인가?

당신의 사업이 식당이라면 핵심가치를 어디에 두어야 할지 고민해야 한다. 맛이든 건강이든 모양이든 가격이든 당신의 사업은 당신이 행복한 방향으로 본질이 정해져야 한다는 뜻이다.

당신의 사업이 교육 분야라면 특별한 콘텐츠나 교사의 탁

월한 역량에 가치를 둘 수 있겠다. 비교불가, 대체 불가능한 특별한 상품을 제공하라. 창의력 개발은 식상하다. 다르게 생각하는 사람이 필요한 세상이 왔다.

이해되는가? 당신이 지금 제공하고 있는 서비스를 모두 없애든지 고객에게 시키든지 하라. 가치를 입히고 품질을 높이면 당신의 사업은 한결 가벼워질 것이다.

영업하기 위해 찾아가는 것이 아니라 나를 찾아오게 하는 것이다. 그러기 위해서는 상품의 종류를 단일화해 품질을 향상할 필요가 있다는 이야기다.

서비스를 없애고 주력 상품에 집중하라. 바로 이것이 두 번째 미션이다.

무조건 비싸게 팔아라

당신이 판매하고 있는 상품의 가격이 비싸다는 것은 품질에 자신이 있다는 뜻이다. 이미 품종을 단일화해서 품질을 높인 당신의 상품은 비싸게 팔려야 한다.

당신의 상품이 뭔가 특별한 것임을 고객이 인지하도록 하라는 것이다. 그 과정에서 당신 스스로 당신이 판매하는 상품의 가치에 대해 확신을 가져야 한다.

'이 상품은 내 고객에게 다른 무엇보다 뛰어난 가치를 제공한다'고 말할 수 있어야 한다. 그리고 고객이 만족할 만한 가치를 부여해야 한다.

원가를 높이라는 뜻이 아니다. 당신 상품의 가격을 생산원가를 기준으로 책정하는 어리석은 판단을 내리지 마라. 경쟁을 일삼는 흔한 사업자들은 제품의 원가에 마진을 붙여서 판매한다. 그리고 점점 마진을 줄여나가다가 역마진이라는 늪에 빠진다. 앞으로 남고 뒤로 밑진다는 말은 그렇게 해서 생겼다.

하지만 당신은 상품의 가치를 기준으로 가격을 책정해야한다. 제공하는 가치에 기준을 두어야 한다는 뜻이다. 당신이 제공하는 상품이 고객의 어떤 가려운 부분을 얼마나 만족하게 긁어주는가에 초점을 맞춰라. 명품은 원가가 비싸서 비싼 것이 아니다.

당신이 판매하는 상품이 비싸다는 것은 품격 있는 고객을 만난다는 뜻이다. 가격을 문제 삼는 고객은 대부분 저가 상품을 사는 고객들이라는 것을 당신도 알 것이다. 당신이 구매자이거나 판매자이거나 상관없이 말이다.

파레토의 2대 8 법칙은 당신의 사업에도 예외가 아니다. 매출의 80%를 차지하는 고객은 20%에 불과하다. 나머지 80%의 고객은 포기해도 된다. 그리고 그런 고객이 되지 않으려면 어떤 삶을 선택해야 할지 답은 정해진 것 아닌가?

《고객의 80%는 비싸도 구매한다高くても飛ぶように売れる客単価アップの法則》는 무라마츠 다츠오村松達夫의 책을 읽어보기를 바란다. 당신이 비싸게 팔아야 하는 이유와 방법을 구체적으로 알 수 있다.

특별한 파트너를 만나라

마지막으로 당신이 갖춰야 할 자세가 있다. 바로 리더의 자세다. 앞서 언급한 세 가지 전략으로 당신의 사업이 대체 불가능한 특별한 사업이 되기 위해서는 특별한 사람들과 함께해야 한다.

앞서도 이야기했지만, 당신의 팬을 만들어야 한다. 그 특별한 사람들은 열정과 도전정신으로 무장된 사실상의 파트너다. 당신이 '리더의 언어'를 구사하고 '사람이 최고의 자본'이라는 철학을 가졌다는 것을 확신할 때 그들은 당신 곁에 머무를 것이다.

당신의 사업의 가치와 비전을 당신의 특별한 사람들과 함께 나눠라. 그 특별한 사람들을 끌어들일 당신만의 자석 '리더십'으로 무장하면 당신의 사업은 영원할 것이다. 왜냐하면 당신의 사업을 따라 하고 싶은 사람들이 몰려들 것이기 때문이다.

그들이 아무리 치열하다 하더라도, 아무에게나 쉽게 당신의 특별함을 전수해주지 않기를 바란다. 겪어보고 당신이 판단하기에 함께할 만한 좋은 사람에게만 당신의 사업 노하우를 알려주어라. 그러면 당신의 사업은 더 넓게 더 오래 퍼져나갈 것이다.

그때 당신은 가맹사업자가 되어 어렵지 않게 '부의 추월차선'에 올라타게 될 것이다.

그동안 특별한 준비가 필요하다

이 네 가지 전략을 구사하기 위한 준비기간이 필요하다. 그 기간 동안 당신만의 특별한 상품을 개발하라.

이미 상품이 있다면 당신에게 편하고 비싼 상품으로 종류를 줄이면 된다. 그러면 당신이 제공하는 상품의 특별한 가치에 시간과 돈을 지급할 고객은 알아서 찾아온다.

다소 시간이 걸릴 수도 있다. 이 시간을 조급하게 실패로 단정 짓는 우를 범하지 않아야 한다. 이 시간은 당신이 살아온 인생을 돌이켜볼 때 가장 행복하게 바쁜 시간일 수 있다.

그리고 당신의 상품을 가까운 지인들에게 알려라. 새로운 상품을 개발했다면 고객들에게 테스트를 받아보는 것도 좋다. 그들의 피드백을 받으면서 작은 문제점들을 고쳐나가는 단계가 필요하다. 그러면서 점점 더 알려지고 자연스럽게 홍보가 될 것이다.

돈을 들여 마케팅하지 마라. 체계가 잡히기 전에 당신의 상품이 불특정 다수에게 알려지면서 개선될 기회를 얻지 못한 작은 문제점이 들춰지고, 그 때문에 사업이 일시에 무너질 수도 있다.

이런 기다림의 시간에 익숙해져야 한다. 왜냐하면 앞으로 더 많은 여유와 행복을 즐기게 될 것이기 때문이다.

3개월이 걸릴지 2년이 걸릴지 모르지만 어느 순간 폭발적인 수요를 감당하기 어려운 시점이 온다.

당신이 살아온 삶과 앞으로 남은 삶이 얼마나 될지 가늠해 본다면 준비기간이나 기다림의 시간은 큰 장애가 되지 않는다.

최악의 경우

앞서 언급했듯이 전략적인 세 단계의 미션을 수행하며 리모델링을 하는 동안 최악의 경우, 당신의 수입이 줄어들 수도 있다. 다시 말하지만 최악의 경우 수입이 줄어든다는 이야기다. 망한다는 이야기가 아니다. 그냥 조금 더 적게 버는 것뿐이다. 어떤가? 감당하기 어려운가?

예를 들어 식당의 경우를 보자. 전략적인 메뉴, 즉 비싸거나 마진율이 높거나 테이블 회전율이 높은 메뉴를 선택했다면 기존의 메뉴를 소진해나가면서 메뉴를 삭제해나가면 된다.

굳이 광고할 필요도 없고 인테리어나 옥외 광고판을 수리할 필요도 없다. 그냥 메뉴를 하나씩 가려버려라.

당신의 상품이 충분히 만족스럽다면 고객들이 알아서 홍보해줄 것이다. 그러면 고객들이 줄을 서서 먹게 될 것이다.

그 전보다 더 적은 시간을 일하면서 점점 더 많은 돈을 벌게 될 것이고 당신의 사업을 따라 하고 싶은 사람까지 생겨난다.

그중에서 검증된 사람에게 조금은 까다롭게 당신 사업의 노하우를 알려주고 수수료를 받으면 된다.

그때부터 시간과 일의 주인으로 사는 것을 즐기길 바란다. 그리고 점점 더 일하는 시간을 줄여나가면서 수익을 늘려나갈 수 있는 방법들을 고민해야 한다.

성실의 본질은 노동시간을 줄이기 위한 노력이라고 앞에서 새롭게 정의한 바 있다.

주의해야 할 점은 리모델링한 후에도 더 많이 벌기 위해서 더 많은 시간을 일에 쏟아붓는다면 다시 제자리로 돌아가게 된다는 것이다. 시간과 돈의 노예로 사는 모습으로 돌아간다는 말이다. 그렇게 되면 당신은 점점 지쳐갈 것이고 당신의 사업은 예전처럼 망하는 길을 걸을 것이다.

당신의 사업에서 가장 중요한 것은 사람이며 그들을 피고용인이 아니라 파트너로 대하는 것이다. 그들에게는 고정급여보다 수익분배의 방법을 추천한다.

그러면 당신은 더 자유로운 삶을 살 수 있다. 당신이 매뉴얼에 따라 구축한 시스템은 생각보다 견고하기 때문이다. 온전히 선택하는 삶을 사는 당신의 미래를 응원한다.

5장

비즈니스
모델의 적용

Work less, make more money

대인영업

리모델링 전략은 자영업 규모의 사업에만 적용할 수 있는 것은 아니다. 대인영업, 개인 업무, 개인 생활, 좀 더 규모가 큰 기업에도 적용할 수 있다.

먼저 대인영업을 살펴보자.

당신이 영업사원이라면 금융, 보험, 부동산, 자동차 등의 상품을 취급할 것이다.

당신이 어떤 것을 판매하든 상관없다. 그 분야 안에서 상품의 종류를 하나 혹은 두 개 정도로 줄여라.

그리고 고가의 상품을 취급하라. 비싼 보험 상품, 고층 빌

딩의 초단기 임대, 특정 고급 자동차 등을 취급하는 특별한 판매자로 자신을 브랜딩하라.

전문적인 자신만의 브랜드를 구축하라는 말이다.

시간이 걸릴 수도 있다.

당신이 세무사든 변호사든 금융전문가든 상관없다. 당신이 일하는 분야에서 부가가치가 높은 상품이 있을 것이다. 그 상품을 취급하는 사람이 되라는 것이다.

물론 쉽지 않을 것이다.

세금 관련 전문분야에 종사한다면 상속세와 증여세를 전문으로 하는 변호사나 세무사가 되기 위한 방법들을 찾아야 한다.

그런 서비스를 필요로 하는 수요자를 찾아 정면으로 돌파하는 것은 쉽지 않을지 모른다. 그러나 다른 분야와 혼합한 상품이나 서비스를 만들어내면 훨씬 쉬워진다.

상속과 증여에 대한 배경지식을 전제로 미성년 자녀들을 대상으로 하는 금융교육 서비스를 출시해도 좋다. 이를테면,

유대인의 증여 문화를 모티브로 하는 교육사업을 시행하는 것이다. 관심을 가지는 고객은 충분히 많다.

4차 산업혁명과 인공지능의 초를 다투는 발전 속도와 괴리된 현재의 교육현실, 자녀의 미래를 걱정하는 부모들의 걱정을 해소하는 콘텐츠를 당신의 전문분야와 접목해서 해결할 수 있다.

자녀교육을 소재로 한 사업의 확산 방향은 너무나 넓고 다양하기 때문에 사업할 메뉴는 차고 넘치도록 많다.

메뉴를 정하고 나면 그 이외의 서비스는 전혀 제공할 필요가 없다. 어차피 당신의 고객은 서비스보다 당신의 진심과 상품의 가치를 보고 상품을 구매할 것이기 때문이다.

당신은 진정으로 고객에게 필요한 맞춤 상품을 제공할 것이기에 그렇다.

당신의 상품에 만족한 고객은 분명히 그들이 함께 어울리는 그룹에 가서 자신의 문제를 해결해준 그 상품 혹은 서비스에 대해 신나게 떠들 것이다.

공통된 관심사를 가진 사람들이 서로 어울리는 것은 인지상정이므로, 자신의 불편한 곳을 해결해준 상품 혹은 서비스를 비슷한 사람들에게 이야기하는 것만으로도 충분한 홍보 효과를 발휘한다.

그러면 고객은 스스로 찾아오게 되어있다. 비용이 들지 않는 최고의 마케터를 채용하는 효과가 나타나게 된다.

굳이 홍보하고 인맥을 넓히기 위해 이런저런 모임에 기웃거리며 당신의 시간을 낭비할 필요가 없다는 이야기다.

다만 시간이 조금 걸릴 수는 있다. 그 시간을 줄이는 것은 당신이 얼마나 많은 사람의 불편을 해소해주느냐에 달려있기도 하다.

고객이 당신을 찾아오게 하는 것은 비즈니스 리모델링 매뉴얼의 두 번째 전략, 즉 서비스를 없애는 전략을 구사하는 것이다.

반복해서 말하지만 마케팅을 하지 않는 것이 최고의 마케팅 전략이다.

예를 들면, 비밀리에 멘토링을 해주는 회사가 있다. 이 회사는 고객이 비용을 지급하면, 회사에서 고객이 지정한 멘티에게 최적의 멘토를 붙여준다. 고용된 멘토는 고객의 입장에서 바라보는 멘티의 문제점을 해결해주는 서비스를 제공한다.

물론 멘티는 그가 고용된 멘토라는 사실을 몰라야 한다. 그래서 스파이멘토다.

한참 공부해야 할 나이에 일탈을 일삼고 있는 자녀를 둔 부모가 회사에 비용을 지급하고 6개월간 서비스를 받는다.

그 후 자녀가 열심히 공부하는 모습으로 바뀐다면 그 부모는 어떻게 행동할지 상상해보기 바란다.

담배를 끊지 않는 남편을 둔 아내도, 도대체 소통이 안 되는 가족 때문에 마음고생이 이만저만이 아닌 사람도 이 회사의 고객이 될 수 있다. 그리고 가격은 비싸다.

홍보하지 않아도 찾아오는 서비스는 이런 방식으로 이루어질 수 있다. 줄서서 먹는 식당은 따로 홍보하지 않는다.

메뉴를 단일화하고 고가의 제품과 차별화된 브랜딩을 구축하고 서비스를 없앤 대인영업의 비즈니스 리모델링 전략은 바로 그런 것이다.

지금 당신이 어떤 일이든 하고 있다면, 그래서 생계를 유지하기 위해 지금의 비효율적인 서비스라 할지라도 당장 멈출 수 없다면, 점진적으로 전환해나가면 된다.

그리고 현재의 일에 생계를 위한 최소한의 시간만 투자하면서 동시에 리모델링에 점점 더 많은 시간을 들여야 한다.

앞서 말한 것처럼 시간이 좀 걸릴 수 있지만 바꿔나가야 한다는 것이 핵심이다.

'솔개의 인생'이라는 유명한 영상이 있다. 수명이 80년쯤 되는 솔개가 40년쯤 살면 부리가 가슴께에 닿을 만큼 구부러지고 길어져서 불편하게 된다. 깃털 또한 무거워지고 발톱은 완전히 닳아서 더는 사냥할 수 없어 굶어 죽을 위기에 처한다.

그러면 솔개는 높은 바위산에 올라가 150일 동안 부리를 바위에 부딪쳐 부수고 새로 나게 한다. 발톱과 깃털도 뽑아 새로 나게 해서 다시 젊고 가벼워진 조건으로 남은 40년을 산다.

지금 많은 사람이 처한 상황도 이런 솔개의 리모델링 인생과 비슷하다.

변화의 시간은 다소 힘들 수 있지만 남은 삶을 더 풍요롭게 살기 위한 투자라고 생각한다면 그렇게 힘들지 않을 수도 있다.

힘들더라도 견뎌내야 한다.

리모델링하는 것보다 그냥 하던 대로, 밤낮도 주말도 없이 열심히 살다보면 더 나아질 것으로 기대하며 직장에 다니는 것이 얼마나 무서운 상황을 초래하는지 깨달아야 한다.

세일즈가 가능한 영역은 무궁무진하다.

지금껏 당신이 알고 있는 영역에서 벗어나라. 세상에 팔 수 있는 것들은 너무나 많다. 달도 팔고 심지어 쓰레기도 파는 세상이다. 팔 수 있는 방법 또한 너무나 많다.

그러니 당신의 남은 삶을 행복하게 보내려면 무조건 리모델링을 실행해야 한다.

당신이 망설이지 않기를 바란다. 당신이 망설이고 머뭇거리는 동안 이미 누군가는 실행하고 있다는 것을 알아야 한다.

실행하고 있는 그들은 반드시 이룬다.

직장에서의 개인 업무

당신이 어떤 조직의 일원으로서 살아오고 있다면 업무 처리를 비효율적으로 하고 있을 가능성이 높다. 그런 비효율성은 당신의 잘못이 아닐 가능성이 높기 때문에 개선하기가 어려울 수도 있다.

내 이야기는 업무 환경을 개선할 수 없다면 직장을 떠나라는 팀 페리스의 주장과 맞물려 궁극적으로는 직장을 버리라는 주장과 맞닿을 수 있다.

여기서 직장과 직업에 대해 좀 더 명확한 개념을 정리하고 가야 할 필요가 있다.

직장은 당신이 강제로 혹은 어쩔 수 없이 머물러야 하는 공간이다. 버려야 할 대상이다.

반대로 직업은 당신의 생계 유지를 넘어 삶을 풍요롭게 해줄 수단이다. 그 수단에 투자하는 시간을 최소화하고 수익을 최대화하는 것이 비즈니스 리모델링 매뉴얼의 궁극적인 목적이다.

다시 돌아와서, 대부분의 조직이 효율적으로 개선되기 어려운 분명한 이유가 있다. 그것은 생략해도 전혀 문제가 없을 비효율적인 시스템을 조직 관리와 규제의 목적 때문에 포기하지 않아서다. 기업의 이익에 전혀 도움이 되지 않는데도 말이다.

이는 기업편에서 다시 자세히 이야기하겠다.

업무 처리 중에 생략할 수 있는 것이 있다면 생략하라.

지금 처리하고 있는 업무의 본질에 집중해보면 생략해도 되는 것이 보인다. 불필요한 것들이 보인다.

생략해도 되는 것들, 불필요해 보이는 것들을 과감하게 생략하라. 그리고 하나로 합칠 수 있다면 합쳐라. 그런 다음 연쇄적으로 하라.

하지만 당신이 그렇게 효율적으로 일을 처리해버리면 남은 근무시간에 놀아야 할 공산이 크다.

그러면 당신의 관리자 혹은 상급자는 당신이 근무태만이라고 인사고과에 불리한 평가를 하게 될지도 모른다.

아니면 맡은 일이 너무 적어서 그런 줄 알고 더 많은 업무를 할당하게 될지도 모른다. 당신은 다른 동료의 일을 부당하게 떠맡게 될지도 모른다.

어처구니없는 일이지만 현실이 그렇다.

당신은 회사의 평가에 만족할 수 없다. 왜냐하면 회사의 평가는 공정할 수 없기 때문이다.

궁금한 사람은 후지모토 아쯔시藤本篤志의 《당신은 회사의 평가에 만족하십니까?御咐土營業部の「病氣」治します》를 읽어보기를 바란다.

전적으로 동의할 수는 없겠지만, 기업 평가 방법의 한계와 극복할 수 있는 전략들을 살펴볼 수 있을 것이다.

불만족스러운 평가를 긍정적으로 받아들이고 더 나은 평가를 받기 위한 방법들이 있는데 당신은 그런 방법에 관심을 기

울이지 않기를 바란다.

그래서 기업의 근무일수 줄이기가 필요한 것이다. 이 내용은 다음에 설명하겠다.

물론 기업은 그렇게 하지 않으려 하겠지만 그렇게 해야 한다. 하지만 결국 그렇게 되지 않을 것이다. 빌어먹을 그것이 당신이 직장을 버리고 회사를 설립해야 하는 이유이기도 하다.

한편 당신은 불필요한 스펙을 쌓는 데 더는 당신의 귀한 시간과 돈을 낭비하지 말아야 한다.

이제 전문직의 시대는 저물었다. 전문적인 능력을 위한 노력을 멈춰라.

잔재주를 갖추려 하지 마라. 진급이나 이직을 위한 각종 자격증 취득과 언어 능력 향상을 위한 일체의 낭비를 멈춰라.

앞서도 언급했지만 선택받기 위한 삶을 버려야 한다.

당신의 감성 능력을 키울 수 있는 무언가를 위해 시간과 돈을 들여야 한다. 그것이 본질이다.

다르게 생각할 수 있는 능력을 키워야 한다. 공감 능력을 키우고 여행과 독서를 통해서 더 넓은 세상을 볼 수 있어야 한다.

여행이라는 방법을 택하기에는 대부분 어려움이 많기 때문에 독서를 권하는 것이다. 그리고 리모델링 전략을 실행한다면 여행이 더 쉬워지는 삶을 살 수 있다.

어떤 일을 하든 당신은 보고서를 써본 경험이 있을 것이다. 보고서건 프레젠테이션 원고건 간단하게 만들어라. 한 장 또는 한 줄로 줄여서 설명할 수 있도록 하라.

장황하다는 것은 핵심을 모른다는 것이고 업무 파악이 제대로 되지 않았다는 뜻이다.

화려하게 꾸미지 마라. 본질에 충실해라.

프레젠테이션의 본질은 꾸미기가 아니다. 문서화하는 일을 최소화해야 한다. 그러면 당신은 조직에서 반드시 두각을 드러낼 것이고 승진할 것이다.

그러나 당신의 무능한 상사는 당신이 승진하도록 내버려두지 않을 것이다. 그래서 불행하게도 당신은 매도당할 확률이 높다.

자신의 자리를 위협하는 부하직원을 좋아하지 않는 무능한 상사가 당신과는 관계없는 일이기를 바라지만, 통상 그렇지 않다.

　그러면 당신은 직장을 그만두고 창업하고 싶어질 것이다. 하지만 창업비용이 걱정될 것이다.

　그러나 창업비용 말고 생활비용을 걱정하라. 그리고 거듭 말하지만, 직장에 다니는 동안 당신이 함께할 사람들을 물색해두고 당신의 팬을 확보해두는 것이 필요하다.

　그리고 당신의 사업이 수익을 창출할 때까지 먹고살 돈만 준비하면 된다.

　창업비용이 필요 없고 경쟁하지 않는 특별한 아이디어로 시작하는 무자본 창업이야기를 찾아보고 당신이 잘할 수 있는 일을 시작해보기를 바란다.

　이는 직장에 다니면서도 얼마든지 가능한 일이다.

　이때 항상 중심에 두고 명심할 것은 더 많이 벌기 위해서는 더 적게 일해야 한다는 사실이다.

노동시간과 수입은 반비례한다는 것을 명심하라.

하루에 열 시간씩 일주일 내내 일해서 1천만 원을 벌기는 어렵지만, 일주일에 하루만 일해서 1천만 원 벌기는 쉽다.

개인 생활

당신의 하루 일과 중에 텔레비전이나 SNS에 쏟는 시간이 얼마나 되는지 파악해본 적이 있는가? 하루에 두 시간 이상 쓰고 있다면 당신의 삶은 의미 없이 바쁠 가능성이 높다.

꼭 필요한 것이 아니라면 SNS 활동을 최소화하고 텔레비전은 액자로나 사용하기를 추천한다.

모바일게임은 이제 그만 지워라. 당신의 삶을 갉아먹는 원흉이 바로 그것이다.

저녁 술자리는 얼마나 참석하는 편인가? 일주일에 2회 이상 되는가?

회사일이든 개인적인 모임이든 저녁 술자리는 당신의 삶에 별 도움이 되지 않는다.

당신도 이미 그런 사실을 알고 있는데, 관성적으로 저녁 술자리에 참석하고 있는 것은 아닌지 돌아볼 필요가 있다.

친구들끼리 만나서 직장 상사를 욕하거나 신세 한탄이나 하는 모임, 혹은 아이들 진로 고민에 정보를 공유하는 척하면서 남편 험담이나 자기 자랑을 늘어놓는 모임에는 참석하지 마라.

저녁 술자리에서 생산적인 대화나 결과를 도출하는 경우는 거의 없다. 가족과 함께할 소중한 시간이 줄어들고 다음 날 숙취로 집중력이 떨어질 뿐이다.

그래도 술자리를 빠지는 것이 망설여진다면 그것이 삶의 주인이 되는 방법 중 하나라고 생각하고 참석하지 마라. 그러면 막연히 걱정했던 불이익은 발생하지 않을 것이다.

우리나라 사람은 연령대가 어찌됐건 이런저런 경조사에 참석할 일이 많다. 그러나 직계가족이 아니라면 가지 말아야 한다. 정말 꼭 가야 한다면 인편에 부탁해서 축의금이나 부의금 정도를 보내주면 된다.

당신이 속한 사회의 문화에서는 어렵다고 할지도 모르지만 일단 한번 해보라. 한번 해보면 쉽다.

당신이 지금까지 알고 있던 '인맥'이라는 단어를 새롭게 정의해보기를 바란다.

내가 누군가에게 도움이 될 수 있는 것이 인맥이다. 그냥 있어도 된다는 뜻이다. 당신의 인맥에게 도움이 필요한 일이 생기면 도와주면 된다.

당신이 굳이 대면접촉을 할 필요가 없는 일을 한다면 지방으로 이사를 가도 좋다.

컴퓨터나 전자우편, 전화통화로 웬만한 일을 처리할 수 있다면 도심에서 한두 시간 이내의 지방에 사는 것도 삶의 질을 향상시키는 한 방법이다.

도심의 비싼 임대료나 생활비로 매월 지출되는 고정비용이 절약된다면, 당신의 삶은 더 윤택해진다.

택시를 타기에 어렵지 않은 곳에 거주한다면 자동차를 없애는 것도 나쁘지 않다.

한번 계산해볼 필요가 있다. 자동차를 운행한 거리와 횟수 등을 택시비로 환산해보면 연간 유지비와 별 차이가 없을 것이다. 오히려 훨씬 더 적을 것이다.

우리는 자동차에 많은 돈을 쓰면서 산다. 더 크고 좋은 차로 바꾸기 위해 우리의 시간과 돈을 투자하기도 한다.

심지어 손에 쥐는 순간 가치가 급격히 감소하는 그 소모품을 꾸미는 데 당신의 시간과 돈을 쏟아붓기도 한다.

그것이 당신의 취향이라면 나는 존중하겠다. 계속 꾸며라. 행복하다면!

당신의 삶을 좀먹고 있거나, 당신의 삶을 리모델링할 수 있는 요소들을 찾아보기를 바란다. 의외로 많을 것이다.

운동을 예로 들어보겠다. 당신은 이런저런 바쁜 일을 핑계로 운동을 게을리할지 모른다. 살이 찌는 데 돈을 들이고 건강도 잃고, 그런 뒤에 다시 살을 빼고 건강을 되찾는 데 다시 시간과 돈을 들인다.

운동하지 않아도 평균 체형을 유지하기 때문에 운동을 게을리할 수도 있다. 하지만 그런 경우라 해도 체력은 약해지고 쉽게 지친다.

그래서 더 쉬고 싶지만, 쉰다고 해도 쉽게 충전되지 않는다. 악순환이 반복되고 당신의 인생 자체가 힘들어진다.

명심하기를 바란다. 당신이 운동할 시간이 없는 것이 아니라 운동하지 않기 때문에 시간이 없는 것이다.

당신의 체력이 향상되면 무언가를 할 수 있는 시간이 확보되고 당신을 위해 더 많은 시간을 사용할 수 있다.

체력이 향상되면 집중력이 높아져서 효율도 높아지고 당신을 위해 사용할 수 있는 시간은 점점 많아진다. 선순환이 계속된다.

어떤가? 운동해야 하지 않겠는가? 당신의 건강이 남은 삶에 얼마나 큰 영향력을 행사할지 항상 고민해야 한다.

당신이 흡연자라면 담배를 끊어라. 담배를 사는 돈과 그것을 피는 시간, 그 어떤 것도 당신의 삶에 도움을 주지 않는다.

물론 작가나 창의적인 일을 하는 사람들이 흡연이 도움이 된다고 말할 수 있다. 도움이 되는 사람은 그렇게 하면 된다.

나는 금연주의자가 아니다. 당신의 시간과 돈의 효율적인 소비에 관한 행동지침을 제시하는 것일 뿐이다.

시간과 돈을 아껴 쓰느라 애쓰지 마라. 시간과 돈은 잘 써야 잘 살게 된다.

당신을 위해, 가치 있는 무언가를 위해, 돈과 시간을 써라.

기업 운영

당신이 기업을 운영한다면 반드시 직원들 문제로 골치가 아플 것이다. 신입사원이든 경력사원이든 임원이든, 어느 누구도 당신의 마음에 들지 않을 것이다.

마음 같아선 모두 해고하고 싶지만 회사를 운영해야 하니

이러지도 저러지도 못하는 경우가 많을 것이다. 그렇다고 직원들이 일을 잘해서 매출이 계속 늘어나는 것도 아니니 말이다.

직원도 마음에 들고 매출도 만족할 만큼 늘고 있다면 축하한다. 그런 당신은 이 책을 여기서 덮어도 된다.

지도자인 당신의 자질 문제는 여기서 언급하지 않도록 하겠다. 하지만 분명한 것은 당신이 '리더의 언어'를 익혀서 구사하고 '사람이 사업의 전부'라는 철학을 겸비한다면 당신의 비즈니스 리모델링은 완벽한 성과를 도출해낼 것이다.

리더의 언어를 익히기 위해서는 리더십 관련 도서들을 읽어야 한다. 독서를 통한 경영을 생활화해야 한다는 이야기다.

리모델링만 한다고 해서 당신의 사업이 승승장구할 수는 없다. 앞서도 언급했지만, 당신과 함께할 특별한 파트너를 얻어야 한다.

명심하기를 바란다. 당신의 회사에서 '깨진 유리창'을 고치거나 걷어내야 한다. 그것은 아주 사소한 문제가 될 수 있지만 당신의 회사를 망하게 할 수도 있다.

시급으로 환산하면 10만 원도 안 되는 불성실한 직원 한 명이 몇십억 이상 되는 당신의 회사를 무너지게 하는 것은 어렵지 않은 일이다.

궁금한 사람은 마이클 레빈^{Michael Levine}의 《깨진 유리창 법칙 Broken Windows, Broken Business》을 읽어보기를 바란다. 인사관리의 중요성을 다시 한번 가슴에 새기게 될 것이다.

자, 당신의 회사를 지금부터 리모델링해보자.

우선, 직급을 줄여라. 2009년 아마존이 최고가에 인수한 자포스^{Zappos.com}의 회장 토니 셰이^{Tony Hsieh}는 최근 회사 전체의 직급을 없애서 논란이 되었다.

하지만 지금 이 책을 읽는 당신은 자포스의 규모에 비할 조직을 가지고 있지는 않을 것이다.

기껏해야 몇십 명 혹은 몇백 명의 조직에서 직급이 발휘하는 효과는 상당히 부정적이다.

나쁜 고위 임원은 대부분 똑똑한 부하직원을 싫어한다. 여기서 다시 한번 짚고 넘어가자면, 좋은 고위 임원이 많은 회사는 매우 잘 돌아가고 성장가도를 달릴 것이기 때문에 지금 언급하는 내용과 무관하다는 사실을 밝혀둔다.

나쁜 임원은 자기 말을 잘 듣는 어리석은 직원을 좋아한다. 자기 자리가 위협받는 것을 원치 않기 때문이다.

고위 임원의 역할은 상당히 제한적인 경우가 많다. 직원에게 자율적인 환경과 권한이 주어질 때 고위 임원은 자리를 빼앗길 우려가 있기 때문에 관리와 통제를 하는 것이다.

시키는 일만 할 때 직원의 업무 효율은 급격히 떨어지기 때문에 임원은 사사건건 간섭하고 불필요한 결재 시스템을 유지한다.

통제와 간섭 위주의 시스템에서는 업무 능률이 떨어지고 의욕도 없기 때문에 이직률이 높다. 그래서 고위 임원은 자기 자리를 빼앗길 일이 없다. 회사가 망하면 이직하면 되기 때문에 불편함을 감수하려 하지 않는다.

그런 나쁜 임원들로 가득한 조직은 최고경영자와 직원 간의 소통이 이루어지지 않기 때문에 결국 망할 수밖에 없다.

이는 동서고금을 막론하고 수없이 많은 역사에서 반복되는 일이다.

이는 국가 시스템과 전혀 다르지 않다. 자율과 분권 혹은 권한위임이 잘 될수록, 작은 조직일수록, 직급을 줄이면 성장 가능성이 높아지는 이유다.

둘째, 직원을 줄여라. 당신 회사의 직원 중 절반 이상은 불필요한 인원일 가능성이 높다. 특히 고위 임원이 많다면 더욱 그렇다.

외형적인 매출액만 놓고 본다면 직원을 줄이라는 것이 터무니없는 주장일 수도 있지만, 회사의 순이익만 놓고 본다면 타당성이 있는 이야기다. 그래서 사업 분석을 해볼 필요가 있다.

회사 매출의 80%를 차지하는 제품 혹은 거래처를 파악해 본 적이 있는가? 어떤 식으로든 분류가 될 것이다.

매출의 20%를 차지하는 제품이나 거래처를 관리하는 직원들, 특히 임원들을 우선 정리 대상으로 고려하면 된다.

당신의 회사에 반드시 필요한 것은 없다고 생각하라. 회사의 본질을 최우선 순위에 두고 방향을 정하면 된다.

그리고 당신의 사업이 경쟁하는 사업 분야라면 그렇지 않은 분야를 개척하도록 노력해야 하고 점진적으로 비중을 옮겨가야 한다.

여기서 비율은 중요한 것이 아니다. 매출의 50%로 기준을 정해도 좋다. 다만, 중요하게 고려해야 할 사항이 있다면 분기에 한 번 이상 직원들과 개별 상담을 하는 것이다.

이처럼 직원들과 소통을 유지하고 있을 때 효율적인 인원 감축이 가능하다.

'깨진 유리창'을 고쳐야 한다. 통상 '깨진 유리창'은 사람일 경우가 많다. 그런 직원을 발견할 경우 그에게 좀 더 적성에 맞는 다른 직장으로 이직할 것을 권고해주면 된다.

이 경우 매출과 순이익은 줄어든다. 하지만 직원 고용 비용이 감소한 것을 고려하면 순이익의 감소는 크지 않다.

게다가 줄어든 직원들이 하던 일을 파악해보면 많은 시간이 필요한 일도 아님을 알게 될 것이며, 결과적으로 당신의 사업에 내실을 기할 수 있게 된다.

그러기 위해 당신은 사업의 본질에 대한 결론을 내려야 한다. 왜 사업을 하는가에 대한 답을 찾기를 바란다.

셋째, 근무일수 혹은 근무시간을 줄여라. 직원을 줄인 후에 근무일수나 근무시간을 줄인다고 해서 당장 회사가 망할 것 같은가?

근무시간을 줄이지 못하는 이유가 무엇인가? 많은 이유가 있을 것이다.

가장 큰 이유는 직원을 믿지 못하기 때문이다. 그래서 채용이 중요한 것이다.

한근태 교수의 《채용이 전부다》를 읽지 않더라도 충분히 공감할 것이다.

신중하게 채용하되 채용했다면 의심을 버려라.

스펙을 버리면 채용 결과에 대한 만족도가 훨씬 높아진다. 자율성과 권한위임이 주어진 직원들은 자발적으로 더 열심히 일하게 된다. 근무일수와 근무시간이 줄어들었다면 초과근무를 해서라도 맡은 일을 처리하려고 할 것이다.

그렇다고 해서 초과수당을 줄 필요는 없다. 초과수당이 없으면 직원들은 정해진 근무일수와 근무시간에 맞추기 위해 더 효율적으로 일하게 된다.

차 마시는 시간, 잡담하는 시간, 식사하는 시간, 웹서핑을 하는 시간들을 줄여나갈 것이다.

그 모든 것이 경영자인 당신에게 달려있다. 직원을 믿느냐 의심하느냐에 달린 것이다.

시대의 흐름에 맞는 채용 시스템을 적용하고, 신뢰할 수 있는 사람과 함께한다면 가능한 일이다.

나는 마흔 명 남짓의 직원이 근무하던 설계회사에서 일한 적이 있는데 집중해서 일하는 시간은 하루 두 시간이 채 되지 않았다. 납기일에 임박해 바쁘게 일할 때도 실제 업무에 투입된 시간은 다섯 시간 미만이었다.

잡무가 많았고, 불필요한 간섭과 통제로 자율성과 능동성은 없었다. 불필요한 회의와 의미 없는 결재서류들 때문에 뛰어다닌 시간도 많았다.

심지어 초과근무를 하고 밤새워 일한 적도 있지만, 그런 가운데 허비되는 시간이 더 많았다.

일이라는 것이 안팎의 불필요한 환경에 영향을 받을 때 엄청난 비효율을 양산한다.

근무일수와 근무시간을 줄이면 1인당 목표량은 당연히 올라가야 한다. 효율적으로 일하기 때문에 가능한 일이다.

당신의 직원들은 그럴 능력이 충분하다. 다만 당신이 그 능력을 발휘하지 못하게 억누르고 있을 뿐이다.

당신의 직원들을 믿고 자율과 권한을 부여해보라. 일일이 간섭하고 통제할 때보다 훨씬 일을 잘할 것이다.

당신의 직원들과 비전과 가치를 공유하라. 당신 혼자 동분서주할 때보다 훨씬 더 일을 잘하고 결과도 좋을 것이다.

앞서 설명한 리모델링의 모든 과정에서 당신은 직원들과 소통하고 관심을 가져야 한다. 그러면 그 속에서 '깨진 유리창'

을 발견할 수도 있다.

그런 다음, 에너지 넘치는 사람들로 가득한 버스를 몰고 어디든 갈 수 있다.

어디서든 들어본 흔한 이야기라고 쉽게 생각하지 말라. 다른 삶을 사는 것은 단 하나, 실천에 달려있다. 너무나 중요하기 때문에 너도나도 이야기하는 것이다.

당신의 버스에 계속 타고 있어야 할 직원과 내려야 할 직원이 누군지 판단할 수 있어야 한다.

넷째, 급여를 올려라. 지금 여기까지 줄인 급여만으로도 당신의 회사는 당신이 속한 사회에서 선망의 대상이 될 수 있다.

'직장인이 뽑은 좋은 직장 10위' 안에 들 수 있다는 말이다.

무슨 말이냐 하면, 급여를 올리면 당신의 회사가 취업하고 싶은 회사가 되는 것이며, 직원들의 애사심이 높아진다는 이야기다.

당신의 회사가 더 나은 사람들로 구성될 수 있다는 것이며, 더 열심히 일하는 직원들로 넘쳐난다는 뜻이다.

당신 회사의 제품은 계속 품질이 높아지고 매출 또한 당연히 올라가는 선순환이 이어진다는 뜻이다.

당신의 욕심이 어디까지냐에 따라 좋은 기업으로 남을 수도 있고 대기업이 될 수도 있다.

게다가 여기서 급여까지 올려준다고 생각하면 당신의 회사는 무소불위의 권력을 누릴 수 있다.

그런데 이 쉬워 보이는 리모델링 과정을 왜 실행하지 못하는 것일까?

그것은 리더가 준비되지 않았기 때문이다. 그런 조직을 이끌 준비가 되지 않았기 때문이다.

그래서 서두에서 언급한 것처럼 리더는 공부를 해야 한다.

MBA 과정을 수료하라는 말이 아니다. 자신만의 확고한 철학을 가진 지도자가 되어야 한다는 뜻이다.

직원을 한낱 부속품 취급하지 말라. 동등한 인격체로서 직원 개개인의 존엄성을 인정하고 그들에게 자율을 주어라. 권한을 나눠주고 회사를 투명성과 공정성 있게 운영하라.

부단한 학습을 통해 지식을 공유하고 회사의 비전과 철학을 공유하라. 그래야만 혼신의 힘으로 함께할 직원, 즉 파트너를 얻을 수 있다.

채용 시스템을 견고하게 구축하고 직원들에 대한 의심을 거둬라. 그러면 당신의 사업은 웬만해선 망할 수 없게 된다.

외부환경에 영향을 받지 않게 되는 것이다. 불황 속에서도 가파르게 성장하는 회사가 되는 것이다.

자, 여기서 끝이 아니다. 당신의 비즈니스 리모델링은 계속되어야 한다.

문서, 잡무, 회의, 회식을 없애라. 직원들의 업무 비효율을 양산하는 이 모든 부적절한 행위들을 없애라.

이는 자율성과 권한이 주어지면 대부분 없앨 수 있는 것들이다. 하지만 그렇지 못한 경영자들이 대부분이다. 왜냐하면 직원을 믿지 못하기 때문이다.

다시 말하지만 믿지 못할 사람 같으면 왜 채용했는가? 채용했으면 믿어라. 채용이 먼저다.

희망이 보이지 않는가? 나쁜 리더가 더 많기 때문에, 당신이 조금만 바뀌면 당신은 소수의 훌륭한 리더의 반열에 오를 수 있다.

천민자본주의라고들 하지만 우리 작은 기업들은 충분히 경쟁력이 있으므로 리모델링 전략을 실행함으로써 우뚝 설 수 있기를 바란다.

쉬워도 너무 쉽다. 그래서 사업에서 채용이 가장 중요한 것이다.

앞서도 말했지만, 채용의 절차를 혁신적으로 바꿔볼 것을 제안한다. 스펙을 버리면 좋은 직원을 채용할 가능성이 현저히 높아진다.

당신이 사업을 시작하기 전이라면 함께할 사람을 먼저 찾아야 한다. 만약 사업을 시작했다면 함께할 사람과 떠나보내야 할 사람을 선택해야 한다.

중국 명나라 홍자성의《채근담》에 이런 말이 있다.

"다른 사람을 믿는 것은 다른 사람이 모두 성실하지 못하더라도 자신만은 홀로 성실하기 때문이며, 다른 사람을 의심하는 것은 다른 사람이 반드시 속이지 않더라도 자신이 먼저 속이기 때문이다."

자신이 정직하다면 다른 사람을 의심할 이유가 없다는 말이다.

스스로 부끄러워할 줄 아는 수오지심羞惡之心을 가지기를 바란다.

더불어, 옳고 그름을 가려 행할 수 있는 시비지심是非之心과 불쌍히 여길 줄 아는 측은지심惻隱之心을 가지고 사업한다면, 세상에 당신을 막을 것은 아무것도 없을 것이다.

어떤 외부환경도 당신의 사업을 좌지우지하지 못할 것이다.

삶과 비즈니스를 리모델링하라 해놓고 웬 '채근담' 타령이냐 할 수 있겠지만 동서고금을 막론하고 올바른 철학이 있는 기업이 결국 성공한다는 이야기를 하는 것이다.

회사 차량, 복지, 법인카드, 심지어 사무실까지, 없앨 수 있는 것은 모두 없애라.

회사 차량은 운영상 불필요한 낭비일 때가 많다. 차라리 주차비 포함 정액지원을 해주면서 개인 차량을 이용하도록 하라.

많고 적음에서 다소간의 불만이 있을 수 있지만 불만을 최소화할 수 있는 방향으로 정리하면 된다.

지금까지 없앤 내용들만으로도 충분한 복지가 된다. 그래서 다른 복지는 필요하지 않다.

일주일에 3일만 출근하는 회사, 하루에 4시간만 일하는 회사라면 설령 다른 회사보다 월급이 좀 적더라도 최고의 회사가 될 텐데 급여까지 높다면 어떻겠는가?

게다가 직원들에게 자율과 권한을 부여해줌으로써, 사내에 서로 존중해주는 분위기가 형성되고 진짜 주인 같은 자세로 일하는 직원들이 넘쳐난다면?

이런 회사의 고객만족도는 타의 추종을 불허한다.

여기에 당신이 반드시 숙지해야 할 포인트가 있다. 당신 회사의 제품이 다른 곳보다 훨씬 비싸더라도 고객들은 당신의 회사를 찾는다는 사실이다.

더군다나 저가일 때 당신을 힘들게 하던 저급한 고객들 대신 품격 있는 고객들이 많아질 것이다.

다시 말해, 매출 80%를 발생시키는 20%의 충성고객이 생긴다는 의미다.

당신의 회사가 최저가 경쟁을 하는 회사가 아니기를 바란다. 당신의 충성스러운 파트너로 가득한 회사는 알아서 잘 돌아갈 것이기 때문이다.

그런 다음, 회사를 떠나라. 직장을 버리는 것이다. 회사를 떠나 일주일에 한 번 정도 혹은 한 달에 한 번 정도 중요한 결재나 체크만 하도록 하라. 당신이 없어도 회사는 매년 성장할 것이고 더 좋은 기업이 될 것이다.

지금까지 당신의 회사에서 직원처럼 일했다면 이제는 자유로운 사업가로서 살아가기를 바란다.

당신의 직원들 또한 사무실을 떠날 수 있도록 해주어라. 온라인회의를 가능하게 해주는 첨단기기들을 이용하면 가능한 일이다.

언제 어디서든 일할 수 있는 환경이 당신의 사업을 성장하게 한다는 사실을 기억하라.

당신의 회사에 꼭 필요할 것 같았던 무언가를 버리는 방법을 찾기를 바란다.

고정비용이 가장 많이 드는 것이 사무실 임대료인가? 만약 회사 소유의 건물이라면 임대수익을 얻는 것도 좋다.

다음으로는 직업마저 버릴 수 있도록 리모델링할 수 있다. 또 다른 직업을 찾으러 떠나면 된다. 이런 식으로 당신이 가질 수 있는 직업이 몇 가지나 될 것 같은가?

그런 삶은 충분히 가능하다. 여행하고 놀면서 열두 가지 직업을 가진 사람들이 있다.

여행하며 사는 데 꼭 백만장자일 필요는 없다. 당신도 그런 사람이 될 수 있다. 당신이 그런 삶을 살 수 있다면 가슴이 설레지 않겠는가?

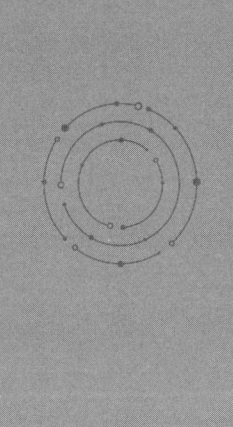

6장

비즈니스
리모델링
과정

Work less, make more money

두려움과 고정관념의 멎

　지금까지 삶과 비즈니스에 적용할 수 있는 리모델링 방법
에 대해 살펴보았다. 실천하기 어려운 내용들이 있는가? 어렵
지 않다. 어려울 것 같아도 막상 해보면 아무것도 아니라는 것
을 알게 될 것이다.

　그렇게 살아보지 않았기 때문에 두려운 것뿐이다. 그 두려
움의 원인은 당신의 고정관념이다. 그런 고정관념을 벗어던지
는 가장 쉽고 빠른 길이 하나 있다. 해보는 것이다.

　해봐야 한다. 그래야 앞으로의 불확실한 미래를 확실히 밝
은 미래로 맞이할 수 있다.

아침부터 저녁까지 열심히 일해야만 하는 직장을 벗어나야 한다. 월요일부터 금요일까지 열심히 일해야만 하는 삶을 벗어나야 한다. 연속해서 열흘 휴가도 쓸 수 없는 직장과 삶을 벗어나야 한다.

어느 광고의 문구처럼 '열심히 일한 당신 떠나라'는 틀을 벗어나야 한다. 열심히 일한 자만 떠날 수 있다는 것인가?

2017년 추석 연휴는 역사 이래 가장 길었던 열흘간의 연휴였다. 앞으로 8년 후에나 그런 연휴가 온다고 온 나라가 호들갑이었다. 왜 마음만 먹으면 보름간 쉴 수 없는가? 6개월은 왜 쉴 수 없는가?

노동환경의 패러다임을 바꿔야 한다. 세계 어느 나라보다 급속히 발전해 어엿한 경제대국이 된 대한민국에서 노동환경이 너무나 열악하다면 벗어나는 것이 답이다.

우리 사회에 만연한 노동력 착취의 문화를 바꿔야 한다. 당신이 행복할 당신만의 직업을 가져야 한다.

그리고 당신의 사업이 당신의 직장이 되어서는 안 된다.

인공지능의 역습으로부터 살아남을, 경쟁하지 않는 특별한 사업을 해야 한다. 당신만의 특별한 비즈니스 환경을 구축해야 한다. 이 책을 쓴 이유도 그것이다.

자, 이제 모든 사업에 적용할 수 있도록 통합 매뉴얼을 정리해보자. 앞에서 언급한 내용도 있지만 구체적인 내용들을 하나씩 살펴보도록 하자. 순서는 각자의 사업 특성에 맞게 바꿔보는 것도 좋다.

이 전략을 전부 적용하는 것이 부담스러울 수 있다는 것을 안다. 하나씩 해보면 된다. 그렇게 시작하는 것이다. 그것만으로도 당신의 삶의 질은 높아진다. 하나의 전략에 익숙해지고 확신이 생기면 하나 더 적용해보도록 하라.

마침내 리모델링 전략을 모두 적용한 당신의 사업을 상상해보라. 가슴이 두근거리지 않는가? 두려움을 버리고 시작해보면 알 수 있다. 얼마나 쉬운지!!

1단계 : 상품 종류 하나로 줄이기

2단계 : 가격을 2배 또는 10배 올리기

3단계 : 나만의 혁신 가치 만들기

4단계 : 영업시간 절반으로 줄이기

5단계 : 서비스 줄이기

6단계 : 고객이 자발적으로 찾아오게 하기

7단계 : 독서와 리더십 경영

1단계 : 상품 종류 줄이기

앞서 전략에서도 언급했지만 당신이 제공하는 상품은 반드시 한두 가지 이내여야 한다. 제일 잘할 수 있거나 제일 비싸거나 특별한 상품으로 준비하라. 그런 상품이 없는데 사업을 시작한다는 것은 수년 내에 망할 것을 각오하고 모든 것을 거는 도박처럼 미친 짓이 될 가능성이 높다.

이미 사업을 시작했는데 메뉴가 많다면 제일 자신 있거나 매출이 높은 상품 하나로 선택과 집중을 할 필요가 있다. 선택과 집중을 통해서 맛이든 품질이든 가치든 당신의 상품에 특별함을 더해야 한다.

누구나 할 수 있는 일, 혹은 안전한 길이라고 이미 검증된 일이라면 당장 그만둬라. 가맹사업자가 아닌 가맹계약자가 된다면, 이는 당신의 삶과 비즈니스를 파멸로 이끄는 지름길이다.

하청업체로서 일한다는 것도 마찬가지다. 어떤 사업이든 마찬가지다. 가격결정권을 가지지 못하고 경쟁해야 하는 상품이라면 당장 버리고 당신만의 상품을 준비해서 다시 시작해야 한다.

그리고 상품의 종류를 줄여라. 일단 줄여야 시작할 수 있다. 일단 줄이면 마진율은 높아질 수밖에 없다. 더 적게 일하고 더 많이 벌기 위해서는 품종을 줄여야 한다.

2단계: 가격을 2배 또는 10배 올리기

당신이 제공하는 상품의 종류를 줄이고 특별한 가치를 갖췄다면, 가격을 올리는 것부터 시작해야 한다. 기존의 제품과 달라진 것이 없는데 가격을 올리기는 어렵다. 고객이 수긍할 만한 가치로 무장해야 한다.

여기서 주의해야 할 것은 단지 가격만 올렸을 뿐 순이익이 늘지 않는다면 의미가 없다는 점이다. 가격을 올린 만큼 노동력이나 원가가 상승한다면, 가격을 올리지 않은 것만 못하다.

가격이 상승한다는 것은 원가를 절감한다는 뜻이기도 한데 이는 효율적인 매출 상승을 유도한다는 뜻이다. 같은 가격에 팔아도 원가를 절반으로 낮춘다면 매출을 2배 이상 올린 것이다.

가격을 올릴 때 고려해야 할 조건 중 하나는 시간이다. 같은 서비스를 제공하는 데 고객의 시간을 줄여준다면 당신의 제품 가격은 비싸야 한다.

예를 들면, 체중을 요요 없이 10킬로그램을 감량하는 데 3개월에 30만 원이라고 하자. 당신의 서비스는 요요 없이 10킬로그램을 감량하는 데 3주 만에 가능하다면 당신의 서비스는 200만 원을 받아야 한다는 뜻이다.

당신은 그 서비스를 필요로 하는 고객, 그 가치를 아는 고객만 만나면 된다. 모든 사람이 당신의 고객일 필요는 없다.

하와이로 여행을 가는데 배를 타고 가는 것과 비행기를 타고 가는 것의 요금 차이와 같은 개념이다. 로마에서 뉴욕까지 가는데 직항노선과 경유노선의 가격에 차이가 나는 것과 같은 개념이다.

이해되는가? 당신의 서비스가 비싼 이유는 분명히 있어야 한다.

이 책이 다른 책보다 훨씬 얇지만 상대적으로 비싸게 느껴지는 이유는 시간과 돈의 노예가 아닌 주인으로서 살 수 있는 분명한 메시지와 방법을 다른 책들과 달리 아주 짧고 명확하게 제시하기 때문이다.

세상에 흔해빠진 성공에 관한 책에서 볼 수 없고 누구라도
적용 가능한 솔루션을 제공하기 때문이다.

3단계: 나만의 혁신 가치 만들기

그러면 혁신 가치란 무엇인가? 완전히 새로운 것이란 어떤
것인가에 대한 고민이 필요하다.

혁신 가치란 당신의 사업에서 가장 중요하다고 생각하는
것을 빼는 것이다. 본질을 찾는 것이다. 지금 당신에게 없고
반드시 있어야 한다고 생각하는 것을 소유하지 않는 것이다.
포기하는 것이다. 버리는 것이다.

당신의 사업에서 가장 중요한 것이 무엇이라고 생각하는
가? 고객이라고 생각하는가? 그렇다면 고객을 버려라. 서비
스라고 생각하는가? 그렇다면 서비스를 버려라. 공간이라고
생각하는가? 그렇다면 공간을 버려라.

몽골제국의 칭기즈칸은 전쟁에서 가장 중요하다고 생각하는 보급품을 버리고 아시아를 넘어 유럽까지 벌벌 떨게 만들었다. 피카소는 그림에서 보이는 것을 버림으로써 세기의 화가가 되었다. 무인양품은 브랜드를 버림으로써 유명한 상품이 되었다.

세계 최대의 전자상거래 플랫폼 아마존과 알리바바는 자체 상품이 없다. 세계 최대의 택시회사 우버는 택시가 없다. 세계 최대 유료 동영상 서비스를 제공하는 넷플릭스는 영화관이 없다. 세계 최대 숙박 플랫폼 에어비앤비는 숙소가 없다.

무자본이 가장 거대한 자본이라는 가치를 가슴에 품어야 한다. 마케팅을 하지 않는 것이 최고의 마케팅이라는 가치를 가슴에 품어야 한다. 가장 큰 목표가 가장 이루기 쉽다는 가치를 가슴에 품어야 한다. 이해되는가?

당신의 사업에서 가장 중요하다고 생각하는 것을 버려라. 만약 당신이 학원을 운영한다면 어떤 것이 가장 중요하다고 생각하는가? 공간인가? 학생인가? 교사인가?

혁신 가치를 찾아보기를 바란다.

당신의 사업에서 최대의 고정비용을 줄일 수 있다면 그것이 어떤 것인지 찾아내고 어떻게 대처해야 할지 결정해야 한다. 가령, 공간에 대한 고정비용을 없앤다면 필요할 때만 한시적으로 사용하는 공간을 찾아야 한다.

고객을 버린다면 어떤 고객을 버릴 것인지를 결정하라는 말이다. 값싼 상품만을 찾고 클레임과 반품을 일삼는 진상고객을 버리라는 뜻이다. 품격 있는 고객을 위한 서비스만 제공하라는 뜻이다.

검안사로 실력이 소문난 어느 안경점 사장님은 오전 10시부터 밤 10시까지 하루에 12시간씩 일하고 심지어 한 달에 하루만 쉰다고 한다. 예전에는 한 달에 이틀 쉬었지만, 멀리서 오는 고객들의 항의에 못 이겨 하루만 쉬게 되었다는 것이다. 돈 좀 벌더니 배가 불렀다는 이야기를 듣기 싫었다고 한다. 그래서 힘들지만 멀리서 찾아주는 손님이 있어서 고맙다고 한다.

나는 그 사장님께 그런 진상고객들을 버리라고 조언했다.

그분이 내 조언을 진지하게 들었을까?

명심해야 한다. 고객이 왕이 아니다. 당신이 살아야 고객도 산다.

학생을 버린다면 어떤 학생을 버려야 할지 결정하라. 우수한 학생을 버릴지, 불량한 학생을 버릴지, 남학생을 버릴지, 여학생을 버릴지를 결정하면 된다.

교사를 버린다면 공간과 마찬가지 개념으로 적용할 수 있다. 고정직 교사를 채용할 것인지 필요할 때마다 시간별로 고용할 것인지를 결정하면 된다.

가장 완벽한 것은 모든 것을 갖춘 것이 아니라 더 이상 버릴 것이 없는 상태라는 생텍쥐페리Antoine de Saint-Exupéry의 조언을 기억하라. 당신의 혁신 가치를 찾는 것은 그리 어렵지 않다. 꼭 찾아라.

나는 당신에게 본질을 새롭게 정의하는 방법을 알려준 것이다. 이 정의는 당신이 행복해지는 방향이다. 연습해보면 된다. 어려우면 컨설팅을 신청하라.

4단계: 영업시간 절반으로 줄이기

당신이 고객에게 혁신 가치를 제공하면, 예전처럼 하루 종일 일하지 않아도 충분할 만큼 수익이 생긴다. 절반만 일해도 순이익은 두 배가 된다. 여기서 더 많은 수익을 욕심내고 예전과 같이 오랜 시간을 일한다면 당신은 더 많은 돈을 벌겠지만 얼마 지나지 않아 망할 것이다.

시간과 돈의 노예로 전락하고 나면 당신은 금세 지치고 사업은 시들해진다. 영업시간을 줄이든지 영업일수를 줄여라. 일찍 영업을 마칠수록, 제품 수량을 제한할수록, 당신의 고객들은 열광할 것이다.

그리고 점진적으로 최대한 당신의 일에서 떨어지는 연습을 하라. 당신은 당신의 일에서 없어서는 안 되는 꼭 필요한 존재가 되어서는 안 된다. 당신의 사업이 직장이 되어서는 안 된다는 말이다.

당신이 없어도 전혀 무관한 상태까지 당신의 사업을 진화

시켜야 한다. 시스템을 구축해야 한다.

그러기 위해서는 당신과 함께할 특별한 사람을 만나야 한다. 당신이 고용하되 단순한 직원이 아닌 파트너로서 대접해줄 사람이 필요하다. 고정급을 주는 것이 아니라 수익을 나눈다는 개념으로 접근하면 당신은 훨씬 수월하게 일에서 벗어날 수 있다.

앞서 기업에 적용하는 사례에서 언급한 바와 같이 자율과 권한이 직원들에게 올바르게 위임될 경우 당신은 시스템을 구축하게 되는 것이다. 시스템을 구축하고 나면 다른 여러 가지 사업을 운영할 수 있게 된다.

리모델링 전략을 적용하는 것이 시간과 돈의 주인이 되는 가장 빠른 길임을 잊지 않기를 바란다.

5단계: 서비스 줄이기

서비스를 줄여야 하는 이유는 당신이 제공하는 상품을 단일화함으로써 전문성과 품질에 자신감을 가지기 위해서다. 이는 신경 쓸 일이 줄어들어서 편안한 운영이 가능하다는 뜻이다.

서비스 자체를 하지 않든지 고객들이 직접 하게 하라. 식당이라면 주된 상품을 제외한 반찬류를 모두 없애라. 고객들은 당신의 사업 방식을 적극 지지하며 자기들에게 그만큼 혜택이 돌아올 것이라는 확신을 가지게 된다.

그러면 당신의 사업은 더욱 번창할 것이다. 당신의 사업을 따라 하고 싶은 그룹 또한 생길 것이다. 그런 그룹들에게 당신의 판매권을 나눠주면 된다. 당신이 가맹사업자가 되는 것이다.

당신은 가맹계약자를 까다롭게 선택할 수 있다. 이때 가장 중요하게 생각할 것은 사람이라는 점을 명심하기를 바란다. 바람직한 인성을 갖춘 가맹계약자를 까다롭게 선택할수록 당신의 사업 가치는 높아진다.

눈앞의 작은 이익을 위해 가맹계약을 남발하거나 가맹계약자의 이익을 침해하는 행위를 하지 말라. 그러다가는 당신의 사업 가치가 떨어지고 장기적인 계획이 손상될 것은 불 보듯 뻔하다.

가맹계약자의 피눈물을 먹고 자란 사업은 사회의 악이다. 서비스를 줄여서 시스템을 구축하는 것, 그것이 진정한 해법이다.

6단계: 고객이 자발적으로 찾아오게 하기

대부분의 사업자들은 광고에 많은 비용을 투자한다. 광고 비용은 상품가격에 고스란히 영향을 미친다. 그리하여 매출 증대에 도움이 되지 않으면서 비효율적인 구조로 바뀌는 악순환의 고리에 빠진다. 그런 사업은 결국 침몰해간다.

광고에 투자하는 것은 자본의 무한정 투입이 가능한 대기업에나 해당하는 방법이다. 그런데 수많은 작은 기업들이 마케팅에 큰 비용을 쏟아부으면서 망하는 길을 걷는다.

비용이 투입되는 모든 마케팅은 불필요하다. 불특정 다수를 상대로 하는 무작위 대중 마케팅은 스팸 그 이상도 이하도 아니다.

당신이 하고 있는 모든 종류의 광고를 중단하라. 처음부터 대규모 광고를 해서 망하는 사례는 일일이 열거할 수도 없이 너무나 많다.

처음부터 광고에 투자했지만, 시스템이 준비되지 않았거나 대규모 고객을 맞이해본 적이 없는 상태라면, 당신의 작은 실수나 상품의 문제가 당신과 일면식도 없는 불만 고객들을 통해 동시다발적으로 확대 재생산된다. 그런 불만들을 감당할 수 없게 되면 문을 닫을 수밖에 없다.

하지만 당신의 제품이 지금까지 제시한 리모델링 전략의 과정을 밟아왔다면 당신의 상품 가치를 아는 고객들이 알아서 당신의 상품을 홍보해줄 것이다.

충성고객을 조금씩 만들어가라. 당신의 사업에 충성고객

이 생길 수 있도록 시스템을 조금씩 늘려가면 된다.

당신이 제공하는 상품 가치에 만족한 고객들은 최고의 마케터가 된다. 그것은 적극적인 최고의 마케터들을 비용 없이 운영하는 비결이다. 또한 마케팅을 하지 않는 것이 최고의 마케팅이라고 강조하는 이유이기도 하다.

당신이 제공하는 상품의 가치를 높이는 것에 집중하면 고객은 저절로 찾아온다. 당신이 고객을 만나러 갈 필요가 없다. 당신이 있는 곳으로 고객이 찾아오게 하라. 그것도 귀찮다면 찾아오기 힘든 곳으로 이사해서 이메일이나 전화로 해결할 수도 있다.

거듭 말하지만, 이 과정은 당신이 철저히 시간과 돈의 주인이 되는 삶을 살 수 있도록 하기 위해서라는 것을 잊지 말기를 바란다. 통제권을 소유하는 것이며, 선택권을 가지는 삶이다.

7단계: 독서와 리더십 경영

상기 여섯 단계의 리모델링 과정에서 언급하지 않았지만 당신의 삶이든 비즈니스든 리모델링하기 위해서는 어떤 분야든 독서를 통하는 방법이 가장 쉽고 빠르다. 리더십과 경영철학을 겸비할 때 당신의 주변에 특별한 사람들이 모이고 그 사람들과 함께할 때 자유로운 삶의 진정한 주인이 될 수 있다.

가장 큰 목표가 가장 이루기가 쉽다. 작은 목표 앞에서는 모든 것이 문제가 되고 걸림돌이 된다. 하지만 거대한 목표 앞에서는 모든 문제가 작아서 아무것도 아닌 것이 된다.

거대한 목표를 찾는 쉬운 방법을 한 가지 알려주겠다. 당신이 살아오면서 고민했던 불편하고 못마땅한 사회 문제를 해결하는 길을 찾아보면 된다. 그중 하나를 골라서 사업화하면 된다.

그것이 교육이든 육아든 식품이든 유통이든 어떤 것이든 상관없다. 그것을 해결하면 그 문제를 안고 있던 사람도 살고 당신도 살고 당신의 사업은 날개를 달게 된다.

그리고 더욱 거대한 목표를 세워라. 거대한 목표의 가치와 비전을 공표하면 함께하고자 하는 훌륭한 인재가 당신을 찾아올 것이다. 비록 그들에게 다른 업체보다 많은 연봉을 줄 수 없다 하더라도 그들은 기꺼이 함께하고자 할 것이다.

당신이 리더의 언어를 구사하고 데일 카네기Dale Carnegie의 《인간관계론How to Win Friends and Influence People》을 읽고 당신의 일상에 적용한다면 당신은 훌륭한 인재들을 곁에 두고 승승장구하게 될 것이다.

명심하라. 당신이 혼자 할 수 있는 일은 너무나 제한적이다. '부의 추월차선'에 진입하기 위해서는 결국 당신에게도 인재가 필요하다.

그냥 똑똑하기만 한 사람을 인재라고 하는 것이 아니다. 비전을 가진 윤리적인 인재를 만나야 한다. 당신과 함께할 파트너를 찾아라.

지금 당장 당신이 사업을 시작하지 않아도 좋다. 먼저 사람을 만나는 것이 더 중요하다. 기버(Giver: 주는 것을 즐기는 자)의 삶을 살아야 한다. 기버를 만나고 테이커(Taker: 받기만 하는 자)와의 교류는 단호하게 끊어라.

지금 당신이 직장에 다니고 있다면 그런 사람들을 찾아서 당신의 팬으로 만들어라. 그리고 어떻게 대접할 것인지에 대해 고민해야 한다.

스펙에 현혹되지 마라. 세상에 똑똑한 사람은 너무 많다. 하지만 윤리적인 인재는 흔하지 않다. 그리고 당신부터 그런 사람이 될 필요가 있지 않겠는가?

다시 한번 말하지만 모두 다 갖추기가 부담스럽다고 시작조차 하지 않는 우를 범하지 않기를 바란다. 하나씩 하나씩 바꿔보면 된다. 천리 길도 한 걸음부터이며 그 천리 길도 마지막 한 걸음으로 완성된다. 작은 시작이 당신의 삶에 기적을 가져다줄 것이다.

7장

효율적인
비즈니스
사례

Work less, make more money

규동 전문점, 지구당

'많이 벌기 위해서는 적게 일해야 한다'라는 비즈니스 리모델링의 가치를 실현하고 있는 사례들을 간단히 소개하겠다. 바꿔 말해, 리모델링 매뉴얼이 어떻게 적용되고 있는지 살펴보는 것이다.

전반적으로 잘 적용된 경우와 일부만 적용된 경우로 구분할 수 있는데, 향후 어떤 방향으로 개선하면 좋을지 판단해 보기를 바란다.

우선 '지구당'이라는 규동 전문점이다. 이 식당은 지점마다 약간 차이는 있지만, 메뉴는 대체로 규동 하나뿐이고 2인 이상의 손님은 받지 않는다. 조용히 식사만 하고 가는 시스템을 구축했다. 화요일에서 금요일까지 주 4일 오전 11시에서 오후 3시까지만 영업한다. 효율적인 비즈니스의 전형적인 사례다.

이 식당은 손님이 한 시간 이상 기다리는 것은 기본이며 친절하지 않다는 점을 명시해두었다. 메뉴를 하나로 줄여서 효율적인 것은 물론이고, 서비스는 일절 없다.

심지어 조용히 밥만 먹고 가라는 의미에서 대화는 할 수 없다고 명시해두기도 했다. 영업시간도 하루 6시간 이내로 사업자의 편의를 최우선으로 삼았다. 가맹사업권을 행사하지 않음으로써 무분별한 영업장 난립을 애초에 막았다.

영업장이 난립하면 메뉴와 영업시간을 늘리는 등 자의적으로 운영하는 사례들이 생기면서 본래의 가치를 잃어가는 매장이 많아질 것이다. 그런 매장은 경영상 어려움을 겪는다.

수학 전문, 올림피아 학원

'올림피아 학원'은 수학을 강의하는 학원으로, 창의력 전문 영재학원이라고 정체성을 규정하고 있다. 타 학원 대비 2배 이상의 수강료를 받을 뿐만 아니라, 차량운행과 성적관리 등의 서비스는 일절 제공하지 않는다. 최고의 강사진을 구성해서 수업시간 이외의 어떤 업무도 하지 않는다. 수강생들의 만족도가 매우 높아 일체의 홍보 없이 12년간 학원을 운영했다.

이 학원은 비싼 수강료에도 학생들에게 인기가 많다. 특히 품위 있는 고객들의 만족도가 높다.

요즘은 흔하게 접하는 콘텐츠이지만, 이 학원이 판매하는 메뉴는 창의력을 키워주는 수학 하나뿐이다. 일체의 서비스 없이 상품의 품질만을 높였다. 비싼 가격을 문제 삼는 고객(학부모)들에게는 다른 학원을 권장함으로써 사업자가 편한 사업이 되었다. 애초에 시작부터 달라서 가능한 일이었다.

강연 전문, 스쿨몬스터

'스쿨몬스터'는 강연장이 없는 강연 전문 회사다. 강의 개설 시 시간대별 임차료를 지급하는 방식으로 운영하며 전문강사가 아닌 초보강사를 통해 교육함으로써 초보수강자들의 만족도를 높였다.

특별한 내용의 일회성 강의를 제공함으로써 타 강의와 경쟁하지 않는다는 특징이 있다. 강사료가 저렴하므로 상대적으로 강의료 수익이 높은 효율적인 비즈니스 사례에 해당한다.

기존의 온라인 플랫폼 온오프믹스를 이용함으로써 투자비용 및 고정비용을 줄였다.

애초에 시작부터 기존의 방식과 차별화함으로써 주 하루 일하고 월 1천만 원 버는 사업모델이 되었다.

이 회사가 판매하는 상품은 일회성 강의로 메뉴가 단일하고 강의 이외의 서비스는 일절 없다. 수강료는 초보강사료나 모임 공간 임대 비용에 비해 고가로 책정한다. 세계 유일의 콘텐츠를 제공함으로써 수강자는 품질에 만족한다.

사업자는 기존의 온라인 플랫폼에 강의를 등록하고 신청자에게 안내메일과 문자를 보내는 단순한 일만 하면 된다. 애초에 시작부터 달랐기 때문에 가능한 일이다.

오사카의 명물, 만제돈가스

이 식당은 한적한 오사카 근교에 위치한다. 오전 11시 30분부터 오후 2시까지 점심시간으로 운영하며, 13석의 일자형 바텐 형식의 좌석이 전부이지만 요리사가 6명인 특별한 돈가스집이다.

아침 6시부터 줄을 서면 점심시간에 첫 번째 테이블에서 식사가 가능하고 조금 늦게 가면 점심시간에 식사할 가능성이 낮다. 가격은 1인당 3만 원 정도로 아주 비싼 편이다.

심지어 이 식당은 주변에 관광할 곳도 없는 외지에 있어서 식사 시간이 세 시간 이상 남을 경우 어디론가 다녀와야 할 정도다.

오사카 만제돈가스의 경우 리모델링 매뉴얼에 완전히 일치하는 것은 아니지만 비싼 가격과 높은 품질로 무장해서 수익성을 극대화했다. 손님도 외국인보다 자국민의 비율이 높다. 만약 사업자가 요리사 중 한 명이라면, 사업자는 안됐지만 그 일에서 빠져나와야 한다.

독특함으로 승부하는 커피코트

'커피코트'는 서울 강남에 있는 커피숍이다. 고급스러운 실내 분위기에 다양한 종류의 더치커피와 드립커피를 1천 원, 아이스커피는 1천5백 원이라는 믿을 수 없는 가격에 판매한다.

그런데 운영 방식이 독특하다. 결제하면 컵을 주는데 마음에 드는 커피를 직접 따라 마시는 방식이다. 좌석이 없어서 서서 마셔야 하는 불편함을 감수해야 하지만, 비좁은 가게 밖까지 늘 사람들이 붐빈다.

커피코트는 특이하게 6시까지만 영업한다. 이 역시 리모델링 매뉴얼에 일치하지는 않지만 강남 한복판에서 6시에 영업을 마감하고 테이블을 버리는 혁신 가치를 추구함으로써 좁은 공간에 많은 고객을 유치하고 수익성을 높인 사례로 볼 수 있다.

이처럼 리모델링 전략을 모두 적용하지 않고 혁신 가치 하나만 적용하더라도 사업성은 보장된다. 더 나아갈 방법은 또 찾아서 적용하면 된다.

다만, 가맹사업자가 되어야지 가맹계약자가 되지는 말도록!

장어덮밥 전문점, 고옥

'고옥'은 부산의 남천동에 있는 장어덮밥 전문점이다. 영업

시간은 점심 3시간, 저녁 5시간으로 짧은 데다 보통은 재료가 떨어져서 한 시간 이상 일찍 닫는 편이다. 휴무는 월요일 하루로 영업일수가 비교적 많다.

이 식당은 매 끼니 줄을 서서 먹어야 할 정도로 인기가 높다. 메뉴는 장어덮밥 한 종류이며 1인분에 한 마리는 2만 7,000원, 반 마리는 1만 7,000원으로 주변 식당보다 2배 이상 비싼 편이다.

이 식당 역시 리모델링 매뉴얼 전체를 적용한 것은 아니다. 비싼 가격과 단일 메뉴만 적용한 경우로 당장은 수익성이 있다.

그러나 품질관리와 직원관리 등 지속적으로 리모델링 매뉴얼을 적용하지 않으면 불만고객층을 양산할 수 있고 바람직하지 않은 결과로 이어질 수 있다.

곱창 전문점, 장수 돌곱창

'장수 돌곱창'은 부산의 온천동에 있는 곱창 전문점으로 메뉴가 곱창구이와 곱창전골 두 종류뿐이다. 곱창구이도 보통의 곱창 전문점처럼 대창, 특양, 곱창, 막창 등 다양하지 않고 오직 곱창구이 1인분 1만 2,000원, 곱창전골 2~3만 원 두 종류에 그친다.

주말 저녁 교통편이 좋지 않고 주차장도 없는 주변의 식당들이 한산한 반면 이 식당은 빈자리가 별로 없다. 구이용 곱창은 월요일 하루만 준비해둬서 주말에는 품절일 때도 있다.

이 식당은 두 가지 메뉴와 깊은 맛으로 매출은 높지만, 반찬들과 부속 메뉴를 줄이고, 영업시간을 줄일 필요가 있다.

부러워하는 데서 그치지 않고
당장 적용할 수 있는 매뉴얼

'어떻게 살 것인가?'라는 문제는 예나 지금이나 동서양을 막론하고 우리 모두의 숙제로 남아있는 화두다.

나는 그 답을 찾고 싶었고 나름대로 찾았다. 정답이 있는 것도 아니고 정답이 하나뿐인 것도 아니다. 다만, 이 책이 행복한 삶을 추구하는 우리 모두의 숙제를 어느 정도 해결해줄 수 있는 하나의 방법이라고 생각한다.

지금껏 수많은 안내서가 있었다. 소위 성공한 사람들이 쓴 책도 무수히 많다. 그러나 그들의 이야기를 읽으며 마냥 부러

워만 할 뿐 내 삶에 적용할 수 없었다. 방법들이 막연했다. 당장 내 삶과 비즈니스에 적용할 수 있는 구체적인 매뉴얼은 없었다.

그래서 나는 그 매뉴얼을 만들었다.

당신은 이 책을 통해 시간과 돈의 주인이 되어 웃고 살기에도 짧은 인생을 맘껏 즐기며 살아보기를 바란다.

그러려면 당신이 알고 있는 그 틀에서 벗어나야 한다. 세상이 정해준 그 틀을 벗어던져라.

당신의 우물에서 벗어나 세상을 둘러보기를 바란다. 세상은 어마어마하게 넓고 할 일은 그보다 더욱 많다.

얼마나 많은 사람이 얼마나 많은 일을 하고 얼마나 다양한 생각을 하면서 사는지 보기를 바란다.

지금껏 하던 일만 하는 사람, 자신의 경험과 경력으로만 사는 사람, 만나던 사람만 만나는 사람은 아마 깜짝 놀라게 될 것이다.

지겹도록 반복해서 말하지만 시도하라.

도전하라.

해보지 않은 것들에 대한 두려움을 떨쳐내라.

최대한 사족을 빼고 간단하게 읽고 이해해서 적용할 수 있도록 얇은 책자로 편집했다. 너무 길면 읽지 않을 수 있으니까 !!

아무리 좋은 책도 안 보면 그만이니까!!